销售就是
玩转情商

王 威◎编著

中国纺织出版社有限公司 | 国家一级出版社
全国百佳图书出版单位

内 容 提 要

智商诚可贵，情商价更高，销售就是要玩转情商，无论你是销售新手还是销售精英都需要明白这个道理：只有提升自己的情商，才能做好销售，才能让客户在润物细无声间购买产品。

本书正是从情商出发，给正在为一系列销售问题而苦恼的销售人员编写的。它综合了销售理论与情商应用技巧，内容涉及到销售过程中的方方面面，并给出了行之有效的指导方法，相信对广大销售人员提升自己的情商和业绩有所帮助。

图书在版编目（CIP）数据

销售就是玩转情商 / 王威编著. --北京：中国纺织出版社有限公司，2019. 11

ISBN 978-7-5180-6655-1

Ⅰ.①销… Ⅱ.①王… Ⅲ.①销售—商业心理学 Ⅳ.①F713.55

中国版本图书馆CIP数据核字（2019）第197553号

责任编辑：闫　星　　责任印制：储志伟

中国纺织出版社有限公司出版发行

地址：北京市朝阳区百子湾东里A407号楼　邮政编码：100124

销售电话：010—87155894　传真：010—87155801

http：//www.c-textilep. com

E-mail：faxing@c-textilep. com

中国纺织出版社天猫旗舰店

官方微博http：//weibo.com/2119887771

三河市宏盛印务有限公司印刷　各地新华书店经销

2019年11月第1版第1次印刷

开本：880×1230　1/32　印张：5.5

字数：120千字　定价：68.00元

凡购本书，如有缺页、倒页、脱页，由本社图书营销中心调换

前言

我们都知道，销售行业是目前世界上最富有挑战性的行业之一，需要销售员们付出辛勤和汗水，但也是回报最为丰厚的行业之一，无数原本贫穷的人通过这一行业获得了财富，甚至成为首屈一指的富翁。但销售并不是简单纯粹地卖产品，还需要销售人员掌握很多技能和资源。任何一个销售员，要想在销售行业做出一番成就并非易事，必须要有合理的渠道、过硬的专业知识，要有足够的人脉交际圈、有适当的平台等，然而，除了这些，最为重要的，还要有高情商。

我们看到，在营销中，在客户和销售员之间最大的问题是，他们之间似乎永远隔着无法跨越的城墙：客户无法看到销售员的真诚和努力，销售员无法了解客户的内心需求。这是因为他们没有认识到提升情商的重要性，相反，有一些销售精英，销售对于他们来说驾轻就熟。

在给客户打电话时，他们能设计出与众不同的开场白，同时能消除客户无数隐藏的拒绝，把销售从虚拟的电话带到谈判中，可谓“一线万金”；

他们总是知道客户爱听什么，总是把话说到客户心坎上，让客户感到很受用；

在介绍产品的过程中，他们一开口，就能让客户产生浓厚的兴趣，给客户一个良好的印象，让客户有继续听下去的愿望；

当客户心存疑虑时，他们能站在客户的角度，为客户考虑；

谈判桌上，他们才思敏捷，能适时地抓住成交信息，他们懂得讨价还价，但更懂得适当让步；

……

那么，支撑这些销售精英们获得出色业绩靠的是什么？就是高情商!

在美国，人们流行一句话："智商决定录用，情商决定提升。"不得不承认，我们现代社会，情商已经成为人们日常交往中的一种必要智慧。情商不仅是一个人获得成功的关键因素，而且高情商者还能够充分地发挥自身潜能，调节、掌握情绪，从而在与周围的人接触时表现出自身良好的亲和力，并在生活和工作中获得比别人更多的机遇，使成功的步伐始终领先于别人。

同样，从某种程度上说，任何一个优秀的销售员，都应该学习如何提升自己的情商，要懂得春风化雨，在"润物细无声"中让客户购买你的产品。

当然，要想成为一个富有高情商的销售人员，除了自己的刻苦努力外，最好还有名师指点，正因此，我们编写了这本专门针对销售员的情商提升书——《销售就是玩转情商 》。本书涵盖了电话销售、销售开场、介绍产品、向顾客提问、应对讨价还价、消除异议、应对不同客户、促成交易以及售后用语等方面时内容，并且还结合了大量贴近实际的销售事例并总结出要点，不管你是一名销售新手还是已经从事销售行业多年，你都能找到适合自己的切实可行的方法。相信你读了本书之后，说服能力将会得到大幅度提升，从而成为一名销售精英。

编者

2019年7月

目录

第1章

高情商的电话营销法，让你拿起电话就将产品卖出去

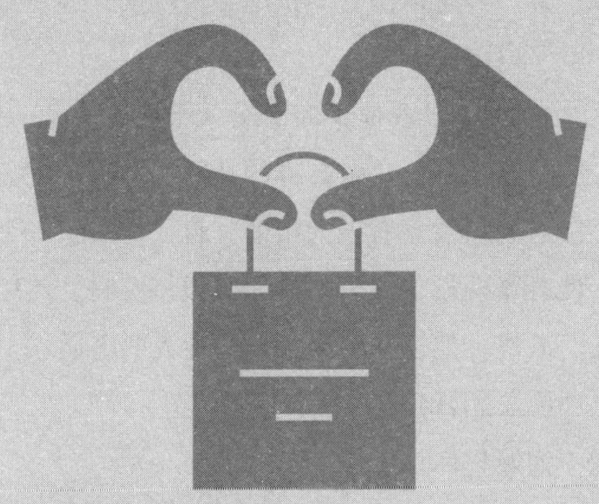

你只要提销售，客户就说“没时间”如何化解

随着通信技术的发展，销售的渠道相对增加了不少，其中就包括电话销售。然而，面对陌生人的销售，客户总是有这样那样的借口拒绝，我们经常听到客户说“忙”“没时间”，其实，客户并不一定是真的忙。聪明的销售员就会识破客户的借口，并采取一些措施，巧妙引导，从而让客户逐渐接受他的预约或销售的产品。

一、连环发问法，让客户不再说“不”

林阳在一家公关公司担任市场专员，主要负责市场的推广工作。工作中，客户经常以没时间拒绝和他交谈，这个难题，他一般在电话中就予以解决了。

一次，他的朋友告诉他某时装公司要办一场下一季的时装秀。林阳心想，这家公司是时装界的新秀，拿下这家公司的长期合作关系，会对公司效益有很大帮助，自己也多了一个稳定的客源，于是，他赶紧搜索了该公司的相关很多资料，然后设计了几种交谈方式，最终，他拨通了该公司负责人的电话。

林阳：“周总您好！”

客户：“你好！你是哪位？”

林阳：“我是××公关公司的市场专员林阳，您有听过我们公司吗？”

客户："……好像听过，但也不是很清楚，你找我有什么事？"

林阳立刻道："我听说贵公司马上要办一场下一季的时装秀，是吗？"

客户："嗯，是有这方面的打算，你们消息还真是灵通啊。"

林阳："周总还真是幽默。可能您知道，我们公司在公关界还是很有地位的，另外，我们有很优秀的策划团队，在活动的策划方面有着相当丰富的经验，能帮助贵公司达到最好的宣传效果，您看您这两天什么时候有时间，我们面谈一次好吗？"

客户："真对不住，这些天太忙，没时间啊，秘书已经把我这些天的行程安排得满满的了！"

林阳："没关系，您日理万机，肯定很忙。公关活动最重要的是品牌效应，我们公司在公关界还是有一定声誉的，也成功策划过很多公关活动，贵公司规模这么大，肯定少不了公关活动。我们彼此认识一下，是没有坏处的，而且，您尽可放心，我不会耽误您太多的宝贵时间，借我10分钟就够了。您看，明后天，您哪天能抽出点空闲的时间呢？"

客户："呵呵！你还真会说话，那就后天吧。"

林阳："您过奖了，请问具体是什么时间呢？"

客户："上午9点吧。"

林阳："好的，那我们就后天上午9点见！祝您工作顺心，周总再见！"

客户："谢谢，再见！"

细心的林阳在挂掉电话后，为了让周总加深印象和敲定面谈的事，他给周总发了一条短信："周总您好！非常感谢您能在百忙之中接听我的电话，祝您工作顺利，心情愉快！顺便确认一下您的地址是：××大厦17楼1701室，见面的时间是：后天上午9点。××公关公司市场专员林阳敬上！”

在这段销售情景中，市场专员林阳之所以能敲定和周总面谈的事，就是因为他善于运用连环发问的技巧，即使客户说没时间，他也能让客户收回这一借口。那么，我们不妨回味一下，林阳是怎样使用这一技巧的：首先，他设计了一个很好的开场，一句“周总您好”运用得恰到好处，避免了客户的反感。然后，他又设计了一个与众不同的自我介绍：先介绍自己所在的公司，以公司为背景，无疑给自己的身份“镀了一层金”，客户自然也愿意与一个可信的销售员交谈。同时，这种介绍方式也是谦虚的表现，稍微细心的客户都会对他留下良好的印象。最后，他留的一条善后短信，也加深了客户对他的印象。

二、时间确认法：妙用“5分钟”争取机会

“我现在很忙，请你改天打过来吧！”销售员小刘就这么被客户拒绝了，但小刘很聪明，“看您工作这么繁忙，打扰您还真是不好意思呢。这样吧！就5分钟，请您抽出5分钟听我说几句话，好不好？说完我立即就走。”听小刘这么一说，客户就答应了。

小刘的聪明之处就在于抓住了客户珍惜时间的心理，一般而言，客户说“很忙”只不过是一种借口罢了，但同时，客户更希望自己的宝贵时间不被占用。真正忙碌的客户，如果你事先和他约好“5分钟”，他也可能愿意抽出这5分钟时间听你介绍。否则，“这个人不知道要跟我啰唆多久”的心理，将使得他犹豫不决。

三、设置选项法：让客户自己做选择题

很多销售员，在遇到客户说忙的情况下，就显得束手无策。

对此，我们可以这样让客户自己选择，“明后天哪天有空”“具体时间是几点”，这是一种思维设置方法。这样，无论客户怎样选择，都是在接受面谈的前提下，而这对于销售员来说，只要客户开口回答，你就已经成功了，剩下的只是确认工作。

总之，销售员要明白，所谓的“忙”，只不过是客户的托辞，你要做的就是让客户主动收回这一借口，然后进一步确认具体面谈的时间，让客户明白，你能给他带来好处，从而激发他的兴趣，这样，你的销售工作也就成功了一半了。

销售技巧点睛

1. 预约客户，不但可以节省人力和劳力，还能有效避免吃闭门羹。

2. 电话内容应尽量简短，为客户节约时间。

3. 确认与你通话的客户是否拥有决策权，否则，你做的就是无用功。

你要知道，“太贵了”是客户的常用托辞

营销过程中，电话为我们起了不少辅助作用，其中就包括预约客户。只有成功约到客户，才能开展销售活动，而我们发现，销售还未开始，客户就已经十分关心产品的价格问题，在客户提及此事时，无论如何我们都不能让客户在电话里就说出“太贵了”这三个字，否则整个销售活动会因客户对价格的不满而导致

失败。

一、掌握报价原则，留有一定的商讨空间

小李是一名诚实、厚道的电脑销售员，公司给他的底价是3200元，这天，他打听到某公司老总要为员工们更换一批新电脑，于是，他拨通了对方的电话。

……

客户："那么，你介绍的这款电脑怎么卖？"

小李："您如果要，我给您便宜点，每套就3300元。"

客户："台式电脑还这么贵？ 3000元行吗？"

小李："不行，我看你好像是要买好几十台，已经是以最低价给你了。"

客户："是啊，我一下子就要20台，你再便宜点。"

小李："您要的再多也是这个价，真的不能再少了。"

客户："也不让点价，你们要不要做生意啊？"

小李："那就给您3200元。"

客户："就3000元。"

……

这桩生意的结果可想而知。因为小李刚开始报价就不合理，一开始便将价格报得太低，那么，价格谈判的主动权就被客户占据了，销售是很难成功的。如果小李把价格定在3500元或是3800元，那么，他就会有更多谈判的空间。也许小李只是想以较低的价格快速成交，但却适得其反。

销售员在报价的时候，要注意以下两个问题。

（1）报价的时候要给自己留一定的空间，别自断后路。

销售员在报价时，一定要灵活，根据客户具体的购买情况而定，如果客户购买数量较多，在允许的范围内，你可以适当地给客户一定的价格优惠。而对于那些对产品价格很在意的客户，你不妨先重点推荐一款有价格优势的产品，特别是正在做促销活动的产品，其价格比较有诱惑力，先满足客户的通常性需求，先让他对你信任起来，然后再挖掘客户的进一步需求。

（2）不要给客户过多砍价空间。

在降价次数上，不要超过两次，不然，客户会以为你本来的报价就有问题，尤其是那些对产品本身价格不了解的客户，会以为自己被骗了，然后强行要求降价。你不妨告诉客户：“我们注重的是产品的售后服务，这个价格已经是最低的了。”客户自会理解。

增加产品的附加值。销售员可以给客户送些小礼品，有些客户比较喜欢，同时，这也能让客户感觉到这已经是底线了，你这是在帮他争取最后的利益，客户也就能体谅了。

二、转嫁“价格决定权”，学会用“公司规定”几个字

小吴从事的是保健器材的销售工作。这些天，他销售的一种按摩仪刚好遇上了做促销活动，小吴想，这下应该可以多卖几台了。

他给一个潜在客户打了一个电话：

小吴：“您经常使用电脑吗？”

客户：“是的，工作无法离开电脑。”

小吴：“您用完电脑以后一般有什么不舒服吗？”

客户：“脊椎啊、腰啊，感觉很疼。没办法，职业病啊。”客户说话倒是很实在。

小吴：“是啊，你这需要保健，不然落下病根就不好治了。

我们公司的××按摩仪最近在做活动，搞特价呢，这次的价格特别优惠，过了就很难有这样的机会了。您看是否有兴趣？”

客户：“原来你是来搞销售的。”

小吴：“其实，也是，但是……”

客户：“你不用说了，我现在对那什么按摩仪没有兴趣，因为我买过，没用。”

小吴：“不是，我的意思是，这次机会很难得，所以，我………”

客户：“那你们的价格怎样？”

小吴：“现在××款是1999，是我们降价幅度最大的。”

客户：“能再便宜点吗……”

小吴：“我也希望能便宜点卖给您，这样，我的成交量肯定会大点，但没办法，这是公司规定，如果便宜了，低于底价，我就只能自己掏腰包了，谁都不想做赔本买卖了，您说是吗……”

客户：“也是，你也不容易，那好吧，明天把产品资料带过来给我看看吧……”

类似的销售电话，相信很多销售员都打过，这里的小吴为什么能成功预约客户，因为在客户有价格异议时，他能巧妙地把价格责任推给公司，并说出自己的难处，此时，一般通情达理的客户也就不多为难了。

关于报价，是销售员不得不面对的问题。在很多行业中，价格是公司明确制订的，给予销售员的权限也是一定的。当销售员被问及价格的时候，要向客户申明“这是公司的规定”，这样才会尽可能地避免利润损失的风险。

三、让客户尝尝“有限”的甜头

与客户在沟通的过程中，为了避免让客户产生太贵了的想法，我们可以为其推荐一些做活动或降价的产品，但与此同时，又有一个新的问题，客户似乎总觉得价格低甚至免费的产品，在质量和功能上肯定会有缺陷。在了解客户的这一心理后，我们不妨把这种甜头实行一定的限制，一定要说明或塑造产品的价值，别让客户认为你的服务价值为零。例如，你可以向客户说明，虽然是大减价，但这是限量提供或限期使用的，或者要告诉客户有免费和收费两种版本，免费的是提供体验，通过体验让客户先了解到产品的价值，然后在免费期即将到期时，再根据客户的使用频率询问其是否为继续使用付费。

1. 电话中，向客户报价，价格范围需要仔细考虑，一般要比公司规定的统一报价要低，比公司规定的底价要高。

2. 如果你知道竞争对手的价格，那报价时最好与其相当。这样客户会觉得你们企业对其有诚意。

3. 保证利润，不可盲目低价倾销。

言辞谨慎，高情商销售员绝不会在电话里说这些

销售行业，就是靠嘴吃饭，有些销售员业绩平平，不是因为不努力，而是因为不会说话；而相反，有些销售员，轻而易举地

完成销售任务，是因为会说话。同样，在电话预约客户的过程中也是如此，连接客户与销售员的只是一根电话线，如何让客户喜笑颜开，更考验了销售员的口才。但销售员在表现自己口才时，千万要记住，不能口无遮拦，要切记不该说的坚决不说，因为一旦触及客户的禁区，就意味着你的预约乃至整个销售任务的失败。那么，哪些话不能在电话里轻易说出口呢？

一、带有攻击意味的话

小陈是一家首饰包装盒生产商的销售员。

最近，他接了一笔生意，看时机成熟，他准备向客户提出成交要求。于是，他打电话询问。但没想到，客户经理此时却表示，商店里还有一批礼品盒没用完，把那批用完后一定来订货，答应最迟一个月就会订货。小陈此时被客户突如其来的变卦弄得很不快，但考虑之后，还是觉得要从长远考虑，因此，极力控制了自己情绪，并没有表现出来，而是欣然接受了。但一个月后，当小陈再次打电话过去询问签约事宜时，对方却表示，有意购买另一家更便宜的包装盒。客户出尔反尔，小陈心里很不痛快。但小陈心想，即使再有情绪，也不能生气，否则这笔生意就真的泡汤了。于是，他深吸了一口气后，与客户进行了新的一轮周旋。

电话里，小陈说：“哦，可以冒昧地问一下是哪家公司那么荣幸能和贵公司合作吗？”

客户：“A公司。”

小陈：“不错，据我所知，A公司的礼品盒确实比较便宜。但是，刘经理你想过没有，像贵公司这么有品位的珠宝商，当然需要配档次相符的礼品盒，否则很难突出贵公司珠宝的完美品质，您说呢？”

客户：“当然……”

小陈：“我想如果为了价格便宜而影响贵公司珠宝在客户心中的完美品质，这是非常不值得的，您说是吗？”

客户：“也是，不过他们的礼品盒也不错……”

小陈：“对，他们的质量也不错，但是您要知道卖珠宝的B公司就是用的这家工厂的首饰盒，但是B公司的珠宝品质是无法与贵公司相提并论的，而我们公司的宗旨和贵公司一样，品质决定一切，所以，我建议您再考虑考虑。”

客户：“嗯，你说得也对。”

小陈：“那您看您还有什么疑问或顾虑吗？”

客户：“没有了。”

小陈：“那您看我们什么时候把合同签了吧？”

客户：“那就明天吧！”

案例中，小陈之所以能挽回销售局面，让客户重新决定购买自己的产品，就在于他能控制自己的情绪，客户先后以各种借口拒绝购买，他不但没有与客户争执，而是耐心、细心地劝说客户。

电话预约客户，全看销售员在电话中与客户沟通的效果。有些销售员因为工作、生活中的一些问题，在拨通电话的时候带有情绪，或者生活中本身就语言犀利，于是，客户就被销售员当成了语言攻击的对象。其实，销售员一旦说出此类语言，整个预约乃至整个销售任务就宣告失败，因为客户是上帝，无论何时客户是第一位的，尊重客户更是一些销售工作的前提。

二、伤害客户感情的话

杨凡是一名刚毕业的大学生，因为公司正缺人手，于是赶鸭子上架，他就被公司安排到汽车销售的一线，成为了一名汽车销售员。有一次，前辈介绍给他一个潜在客户，让他打电话预约一下，公司正有一批库存车急需处理。

当他还没开口问客户要不要买车，客户倒给他出了一个难题：“我这手上还有一辆旧车呢，真不知道怎么处理，要不，你帮我卖了吧？”

杨凡一下子不知道怎么接下面的话了。他想：“一辆破车还能值几个钱，搞不好那辆车轮胎已经磨损得不像样了，发动机工作时的杂音也很大，车里的气味也许很难闻，哪儿能卖得出去啊，要不问一下这车是什么时候买的。”可是他又一想，因为这是客户的车，客户可能很喜爱这辆汽车，毕竟开了这么多年，多少会有点感情。即便不喜欢这辆车，但也只有客户自己有资格来批评这辆车。如果自己先开口说这辆汽车如何如何糟糕，这无疑是在侮辱汽车的主人，不知不觉中已经伤害了客户的自尊心。这样一来，还能向客户销售吗？

想想这些，杨凡对那位客户说：“不管怎么样，这车都陪您那么多年了，您何必把自己的一个‘老朋友’卖了呢。如果它的性能已经有些问题了，你可以再买一辆车，权当是它的接班人吧。”

客户一听，这小伙子说话太中听了，是个会从别人角度想问题的人，就主动要了杨凡的手机号。

很多时候，电话预约是销售活动的前期工作，在这个时期，只有与客户相处愉快，成功约到客户，才有可能完成销售任务。销售员杨凡的聪明之处，就是从客户的角度去想问题，然后把不该说的话咽了回去。要知道，如果他实话实说，那么必定会伤害客户的感情，销售也就难以进行下去。

三、粗鄙、污秽的话

精炼、专业是每个销售员最基本的语言要求，同时，还要求销售员说话时要注意场合，生活中可以随意一些，但在与客户沟通尤其是电话预约客户的时候，一定要表现出自己的良好的素质，切不可“出口成脏”，或言辞中夹杂污言秽语，毕竟，语言代表的是一个人的素养和形象，而作为销售员，你的形象是和产品挂钩的。

总之，作为销售员，我们始终要谨记，客户是我们的上帝，客户永远是第一位的。我们随时都要保持良好的销售态度，面对销售中的种种状况，我们都要拿出耐心和诚意，心平气和地与客户沟通，才能让销售变得顺利。

1. 常说一些礼貌用语，要给你的准客户留下一个好的印象，可以在电话里使用一些礼貌用语，如“请”“谢谢”“对不起”“您”等。

2. 假如客户所说的某些话是错误或不真实的，销售员绝不能直接反驳，那会让客户很没面子，甚至对你大动肝火。

3. 尊重客户的隐私：在打电话的过程中涉及客户隐私的话题是绝对不能提及的，这些涉及隐私的话题有收入、家庭、婚姻等。

真的高情商销售员，懂得换位思考

“没有产品的差异化，只有宣传的差异化。”从销售的角度来说，这句话是非常正确的。产品的差异化是制造部门的责任，不是销售员可以控制和改变的，但宣传的差异化确掌控在销售员手中，是可以通过工作改变的。于是，很多销售员谨遵这一口号，在电话预约客户的时候，从不问客户需要什么，而是问自己能给客户带来什么，在打电话之前，从不有计划地收集客户的资料、了解客户的情况。他们总是匆匆忙忙地打电话，急急忙忙地介绍产品；遭到客户拒绝后，又匆匆忙忙拨通下一位客户的电话。他们整日忙忙碌碌，收获却不多。聪明的销售员知道与其匆匆忙忙地拨打十位客户的电话而一无所获，不如认认真真做好准备打动一位客户。

销售员要想把产品卖出去，首先就要与客户之间建立良好稳固的关系，要实现这一步，销售员就要做到最基本的一点：从客户的角度出发，要了解客户，知道客户真正需要什么。

一、考虑客户自身情况，向客户提出真诚的建议

琳琳是一名化妆品销售员。一次，公司推出一款新品，琳琳就想给自己的几个老客户都通知一下，看谁对这款产品有兴趣。她拨通了第一个客户的电话。

琳琳：“张姐，您好，我是琳琳啊。”

客户：“哦，是你啊。有事吗？”

琳琳：“我们公司新推出一款产品，我觉得很适合您，就给您打个电话，您上次不是让我留意的吗？”

客户：“哦，这样啊，我知道你说的这款，我不怎么喜欢，要不，你给我拿套那个××吧，那是大牌子。”

琳琳：“我知道您说的这款，其实，姐，这套相对来说贵很多，您可能并不在乎钱，我给您卖贵的我拿的提成当然也高，但贵的并不一定就适合您，说实话，那款产品，您用的话，因为肤质的关系，我怕您会过敏。我建议您还是不要买。”

客户：“琳琳，你真是会为我考虑啊，我信得过你，今天下午到我家来一趟吧。”

琳琳可以说是一名称职的销售员，这样的销售员总是会站在客户的角度思考问题，自然会赢得客户的信任。在电话预约客户的时候，有些销售员以为只要约到客户然后卖出产品就大功告成，也不管产品适不适合客户。其实，这种想法是错误的，忽略客户的需求，即使约到了客户，客户也不一定购买；即使客户购买，当客户意识到你销售给他的是不适用的产品时，你也就断送了回头客。而相反的是，在第一时间也就是在预约客户的时候就考虑客户的要求，会赢得客户的信任，你的工作就能够更顺利地进行，并且你做成的不只是一笔生意，还赢得了一名忠实的客户。

二、关心客户，让感动后的客户主动帮助你

安然是一家保险公司的销售员，她的销售业绩一直在公司排第一，这与她总是对客户嘘寒问暖有很大的关系。

一次，她的一名客户在自家门前的巷子里被人抢劫了，损失了几千块钱，还有手机、首饰。这位客户在安然手中买过一份人寿保险，但没有买财产保险。这次客户发生这样的事情，安然担心客户的财产受到很大的损失。因为她知道客户没有买财产保险，这次遭抢一定让这位客户压力重重。

安然赶紧给客户打电话，电话接通后，她就直接问道：“您人没事吧？”

接着又问第二个问题：“您有什么重大损失吗？”

第三句话是：“都怪我不好，当时没有坚持请您购买财产保险，以致今天我不能帮您减少损失，为您分担经济压力，我今天只能为您分担精神压力。”

第四句话是：“面对您的遭遇和处境，我非常焦急，也非常心痛，我会尽我所能为您提供帮助。”

安然的几句话让客户很感动，在接下来的一段时间内，安然经常去客户家里陪她聊天，安慰她，并量身为其订做了一份财产保险。最后，在不到半年时间内，这位客户购买了这份财产保险。

案例中的安然是一名优秀的销售员，因为她总能从客户的角度出发考虑问题，体谅客户的心情。的确，客户购买产品，其实买的就是一个顺心，如果客户总能感觉到销售员对自己很理解，注重自己的心情和感受，那么客户就会被这种氛围所吸引，进而对产品投入更多的关注。

三、巧设台阶，给足客户面子

在美国零售业，有一家知名度很高的商店，它就是彭奈创设的“基督教商店”。彭奈的第一家零售店开设不久，一个中年男子到店里买搅蛋器。

店员问：“先生，您是想要好一点的，还是要次一点的？”那位男子听了显然有些不高兴：“当然是要好的，不好的东西谁要？”

店员就把最好的一种搅蛋器拿了出来给他看。男子看了问：

“多少钱？”

“120美元。”

“什么？这么贵！我听说，最好的才六十几美元。”

“六十多美元的我们也有，但那不是最好的。”

“可是，也不至于差这么多钱啊！”

“差得并不多，还有十几美元一个的呢。”

男子听了店员的话，面色更难看了，想立即掉头离去。彭奈急忙走了过去，对男子说：“先生，您想买搅蛋器是不是，我来介绍一种好产品给您。您看一看，样式还不错吧？”

“多少钱？”

“54美元。”

“照你店员刚才的说法，这个不是次等的吗，我不要。”

“我的这位店员刚才没有说清楚，搅蛋器有好几种牌子，每种牌子都有不同档次的产品，我现在拿出的这一种，质量不错，性价比高，而且体积小，最适合家庭使用。家里有几口人？”

“五口。”

“那再适合不过了，我看您就买这个回去用吧，保证不会让您失望。”

彭奈送走客户，回来对他的店员说：“你知不知道你今天的错误在什么地方？”那位店员愣愣地站在那里，显然还没有意识到自己的错误。“你错在太强调‘最好’这个观念，客户需要的不一定是最好的，他需要的是一个适合他的产品，然而你一开始就把他推到了一个不得不买最好的位置上，让他感觉骑虎难下。假如你想做成一笔生意，就一定先要了解客户的需求。”

的确，有时候，客户的购买能力是有限的，希望销售员可以给自己找一个台阶，从而可以在自己能够接受的范围内选择较好的产品，但有时候由于销售员的话语让客户骑虎难下，最终有可能使客户放弃购买。故事中的店员就犯了这样一个错。

可见，每个人在与人沟通的时候，都会有自己的立场，如果与对方的立场相悖，就会形成沟通的对抗。聪明的销售员应该学会和客户站到同一个立场上去，并从客户的角度出发去思考问题。

1. 销售员在拨通电话前应做多准备工作，了解客户及其身边人的真正需求。

2. 抓住客户的切身利益展开说服工作，更容易与客户站在同一个角度。

3. 当客户遇到难题时，一位好的销售员可以为客户提供解决办法，为其减少麻烦。

留心倾听，电话里听出客户额外的需求

对于任何一个销售员而言，销售的最终目的是为了将产品销售出去，从而获得利益。然而，销售员千万不能为了销售而销售。有时候，我们小小的付出，就能拉近和客户的关系，让客户成为自己人。在电话预约客户的过程中，也是这样，我们要善于听出客户额外的需求，给客户小小的满足。给客户留下了好印

象，客户自然愿意约见你。

一、雪中送炭，解客户燃眉之急

严明是一家高尔夫俱乐部的经理，一次，他准备向一个客户销售俱乐部的会员卡，于是，他拨通了客户的电话。

严明：“您好！是陈先生吗？”

客户：“是我，你是谁？干吗的？”从客户的声音中，严明明显感到客户正生着气，可能是有什么急事没办成。

于是，严明语气温柔并加快语速问道：“您先不管我是谁，我先想问下您现在是不是有什么困难需要帮助呢？”

客户：“是啊，不然我能这么急，我买不到机票！你能帮我吗？如果今晚赶不到上海我就损失惨重了，明天早上8点有个很重要的会议。”电话这边的严明真是快被客户的声音震聋了。

严明立即斩钉截铁地说道：“您先别着急，我想这个问题不难。”

客户：“真的？你怎么帮我呢？” 客户很惊奇。

严明：“我有个很好的朋友在航空公司，我打个电话就行了。请先把您要订的航班号以及您的名字和身份证号码报给我。” 客户一听严明这么专业，内心顿时燃起了一线希望：“好！我的名字是……”

不到一刻钟的时间，严明成功为客户订到了去上海的机票，帮助客户挽回了一个大损失。客户回来后立即请严明吃饭，他得知严明当时打电话的目的，而客户正好是一位高尔夫爱好者，结果顺利成交。

从这一销售案例中，我们可以看出，身为销售员，我们除了本职的销售工作外，更应该急客户之所需，在客户遇到难题时出手帮一把，相信这样更能拉近与客户之间的距离。当然，这需要我们在预约客户的时候听出客户的额外的需求！

二、主动付出，帮客户实现某些愿望

刘颖是刚毕业的大学生，在一家贸易运输代理公司销售部实习。这天，她在网上找到了一家外贸公司。于是，她拨通了电话。

刘颖："您好！请问是大连外贸公司吗？"

电话那头传来一个中年女性的声音："是的，你是哪里？"

刘颖："哦，我是上海的一家国际货运代理公司的销售员，主营欧洲航线，想和贵公司建立长期的合作关系。"

女客户："哦？你是上海的？呵呵！我们一家人上个礼拜刚去上海玩过呢。"

刘颖很开心地说道："是吗！对上海印象如何啊？"

女客户："嗯！还不错，果然是国际性的大都市，我们还准备去伊势丹买衣服，但那天没时间了，我女儿今年20岁了，她特别喜欢伊势丹的衣服，我还准备等她生日的时候，在上海的伊势丹给她买一件呢！"

刘颖："噢！是啊！我们这些女孩子都喜欢那儿的衣服，您女儿身材肯定很好吧？"

女客户："是挺好的，不矮呢，有一米七，很纤瘦。"

刘颖："不过，上海除了伊势丹好以外，我们公司的航线也不错呢！"

女客户："航线啊，可惜我们有长期合作伙伴了，等以后要更换时再通知你吧。"

刘颖："真遗憾，那就只好再联系了。"

挂上电话后，刘颖立刻请假，跑到伊势丹专卖店买了件裙子，通过快递寄了出去，里面夹了一张对公司的介绍和自己的名片。一个星期后，公司收到了来自大连外贸的一份航线询价传真……

案例中，我们发现，销售员刘颖成功地预约到了客户，并不是运用了什么技巧，而是她注意到了客户一个很特别的愿望——她希望可以给女儿买件伊势丹的衣服，而聪明的刘颖就顺势问清楚了客户女儿的身材，挂断电话以后，她就去买了衣服，满足了客户的需求。可能对于刘颖来说，买一件衣服不算什么，可是这件事却做到了客户的心坎上，自然，客户愿意和这样善解人意的销售员合作。

三、倾听先行，别好心办了坏事

曾经有这样一个电影情节：某天早上，一位富商开着自己的豪华轿车来到山顶上锻炼身体，随后，为了方便，他将车子停到了路边，而这条路的旁边，就是万丈悬崖。接下来，他开始做晨练，他将一条腿放在车子上压腿，此时，一个黑人路过，也摆出了同样的姿势，不过他是用力把车推下山涧。影片结束语：意外的力量使我们的距离更远。

这个故事中，这位路过的黑人可以说是好心办了坏事，他以为富商是要将车推下悬崖，于是，便出手帮助，才出现了上述滑稽的一幕。

其实，在销售活动中，很多时候，我们都是在扮演这位好心的路人的角色。面对客户，我们认为自己很努力就会有好的结果，却不知道不正确的方法用得越多，只会让客户和我们的距离越远。一个专业的销售员要能敏锐洞察客户在被何种心理所驱动，并善加运用。

总之，在销售过程中，作为销售员，一定要记住一个道理，只有付出才有回报。可能有些销售员会以为，销售的根本目的就是达成交易，没有结果的付出是愚蠢的，其实不然，很多结果孕育在付出中。尤其在电话预约客户的过程中，要学会从细小的希望中看见结果，并不断地付出，善于听出客户额外的需求并解决，你就可能打动客户，从而能成功预约。

销售技巧点睛

1. 懂得倾听，把握客户的心理更容易成功。

2. 客户额外的需求是来自多方面的，如客户的家人、朋友的需求，生活上的需求等。

3. 销售的工作不仅限于把产品卖出去，而是先做人后做生意，与客户打好关系，生意自然不请自来。

第 2 章

话要巧说，高情商是挖掘客户资源的法宝

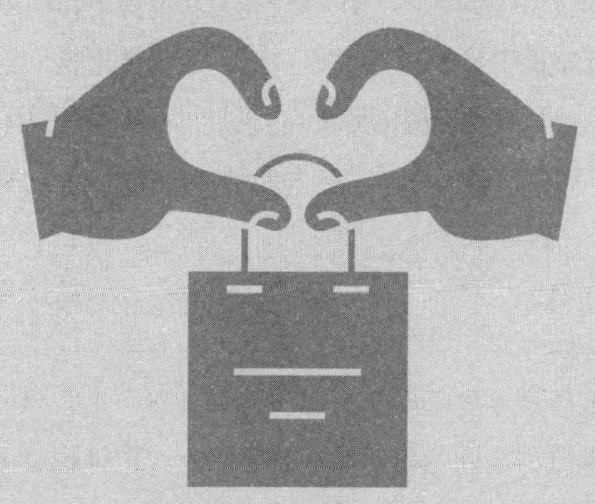

不必害羞，勇于向亲朋好友推荐产品

可能很多销售员都曾发出这样的感叹：“客源在哪里，去哪里寻找潜在客户呢？”我们都深知潜在客户对销售工作的重要性。如果没有客源，你向谁去销售产品呢？也就是说，没有丰富和高质量的潜在客户，成功也就无从谈起。而实际上，我们可能忽略了身边最有力的人脉资源——亲朋好友。香港企业界流传一句销售格言：“亲戚朋友是生意的扶手棍。”利用私人关系，是销售员开发新客户的基本方法。但如何让这些亲朋好友成为我们的客户，这考验到我们的口才。一个会说话的销售员，往往能在三言两语间说服亲朋好友，让他们成为其销售工作的支持者。

一、从亲戚开始挖掘你的客户源，起步更轻松

小林是一名重型机械销售新人。刚开始工作的几天，小林为了寻找到客户资源伤透了脑筋。这天下班后，他回到家，满脸倦容地对母亲说：“我想放弃这份工作了。”

“为什么？出什么事了？怎么上班还没几天就说不干了呢？这可不是你的作风！”母亲提出一连串的质疑。

“做销售最重要的就是有客源，可是我一个新手，去哪里找客源啊？本以为那些老前辈们会透露一点，但他们一个字都不愿意跟我说。”

“那你就从别的方面下手啊。对了，你销售的是什么产品？”

“重型机械，如挖掘机。这产品个位高，谁买的时候，都会再三考虑，所以，销售起来也就很困难。”

“我倒想起来有个人可以帮你。”母亲提示道。

“谁呀？”

“你舅舅呀，你忘了他是工程的承包商，肯定认识需要这类机械的人吧。”

“对呀，我怎么没想起来？”

母子二人商量后，就给小林的舅舅打了个电话，并将自己工作中的难处说了出来。巧的是，他舅舅最近正需要几辆挖掘机。后来，小林舅舅还利用自己的人际关系，为小林介绍了很多该行业的人，很快，小林的业务就火了起来。

案例中，机械销售员小林在从事销售行业之初，因为找不到客户资源而苦恼，但经过母亲的提醒，他很快找到了可以解决问题的方法——从自己的舅舅开始，逐步开发客户资源。这一方法很奏效，小林的业务自此有了新突破。的确，那些聪明的销售员都会走出公司，并从身边的亲戚开始做起生意，因为一般情况下，亲戚始终是支持我们的，所以，我们起步也就会更轻松。

二、大胆开口，不要羞于向你的朋友求助

王兴和苏龙是很好的朋友兼同事，二人以前在一家工厂工作。只是后来，苏龙辞职了，干起了保险销售。不过，新工作开始的时候，总是遇到难处，他最近就为客源的事情犯愁，左思右想后，他想到了自己昔日的好友王兴。

“你怎么突然辞职了，不见你人。这几天你跑哪儿去了吗？”见面后，王兴问。

苏龙不说话，从包里往外掏资料的手有些抖。待把资料展开了，才说：“王兴，我要告诉你一件重要的事情，你看……”

王兴一手拿了资料，说：“什么重要事情？”

苏龙说：“你先听我说，从现在起，你每月只要为你儿子存上30元，一年也就是360元，你的儿子就将会得到一生保障。例如，他15岁的时候，即可得到一份升入中学的奖学金；从18岁开始，一共4年，每年还可得到一份大学奖学金……到22岁的时候，他还可以得到一笔婚嫁金；60岁的时候，还有养老金，怎么样？”

“不错，不错。可是，我不明白，你这要是……”

苏龙说：“哦，我忘了跟你说，我现在是××保险的销售员。刚才跟你说的就是我们公司的保险产品，怎么样？给儿子办一份吧？”说着，苏龙拿出了投保书。

王兴说：“噢，原来是保险，都是骗人的。我不信这玩意。”

听了王兴的话，苏龙有点急，说：“这怎么是骗人的呢？保险业务做得这么广，足以见其真实性。而且，我们是正儿八经的金融机构，国家金融机构能骗人吗？”

“这倒是，××保险的名声还是很响的，对了，苏龙，你不会让我跟着你上当吧？”王兴还是将信将疑。

“看你这话说的，你把我看成什么人了？因为这的确是一件好事情，所以我第一个想要告诉的人就是你。相信我没错的。来吧，把你的身份证拿来。”苏龙说着把投保书展开到桌面上。

“那好吧。”

案例中，保险销售员苏龙在从事销售行业之初，因为找不到客户资源而苦恼，但聪明的他很快发现了解决问题的方法——从自己的好朋友开始。而且，更难能可贵的是，他向自己的朋友销售少儿保险，刚开始并没有说明自己的目的，而是先向对方道明“你只需每年为儿子存上360元，就可以……”，等得到对方的认同后，他再提出自己所从事的是保险销售，并告诉对方：这的确是一件好事情，所以我第一个想要告诉的人就是你。这样说，会让对方以为销售员是在为其考虑，自然会选择购买。

三、同学关系可能是你最庞大的客户群

才短短的3年工夫，李锐现在已经由一名普通的会展公司的销售员变成了销售经理。当下属们问到他的工作经验的时候，他说：“你们还记得吗？当初你们总是问我为什么工资总是不够花，那是因为：不是今天这个同学结婚送礼，就是明天那个同学家里需要钱。但正是这些付出，我才有今天的成就……我常常和那些销售新手说，与其在外面辛苦地寻找客户，还不如从身边的人开始挖掘，我们可能没有几个朋友，但同学关系是我们都不缺少的，只要我们经常和这些同学联系，同学有事要主动帮忙，多关心同学，那么，他们一定很乐意为我们的业务提供帮助。”

李锐的一番话是有道理的。我们或许性格内向，没有几个朋友。但从入学开始，我们的同学总是在不断增多。而你发现没，随着时间的推移，很多同学被我们遗忘。你现在正联系的同学还有多少呢？而如果我们能多利用起这些同学关系，我们的准客户数量也一定随之递增。但这并不意味着我们向同学销售就一定会成功，还需要我们发挥自己的口才，学会巧说话，将话说到对方的心坎里。

总之，从亲朋好友和同学开始挖掘客户资源，也需要我们懂得巧说话的技巧，把话说到他们的心坎里，这样才能顺利达成目的。

1. 挖掘亲朋好友这一客户群体，不但考验我们的口才，还需要我们在日常生活中多加维护。

2. 考虑客户的利益，在推介产品时候站在客户的角度说话。

3. 说服亲朋好友和同学们帮你寻找新的客源，业务会越做越广。

巧妙“套话”，挖掘需求点让其成为你的准客户

在销售过程中，了解并掌握客户的需求非常重要，这是将其变成潜在客户的关键步骤之一。但实际销售中，我们在挖掘潜在客户的时候，对方总是以“我不需要”来拒绝我们，此时，很多销售员不得不放弃。但一个优秀的销售员，却能在这种看似没有需求的情况下，运用技巧从话语中“套出”客户的需求，让其成为潜在客户，为下次购买带来契机。

一、从客户感兴趣的话题入手，引导客户

库尔曼是美国一名金牌销售员。他有着自己的销售风格。他凭借自己的勤勉和出众的口才，把寿险销售给一个又一个客户。

一次，在向一位工厂老板销售寿险并遭到拒绝后，他问对方：“您做这一行多长时间了？”

“哦，22年了。”

库尔曼问：“您是怎么开始干这一行的？”这句话在客户身上发挥了效用。他开始滔滔不绝，从自己早年的不幸谈到自己的创业经历，一口气谈了一个多小时。最后，这位客户热情地邀请库尔曼参观自己的工厂。那一次见面，库尔曼没有卖出保险，但却和这位工厂老板成了朋友。接下来的3年里，他从库尔曼那里买走了4份保险。

一般而言，人们对陌生的销售员总是心存戒备，往往以没有时间、不需要等原因将其打发走。其实，这是因为销售员没有选择正确的谈话方式。人们都有感兴趣的话题，客户也是。销售员如果能在销售中先暂时搁置一些销售问题，而从客户的兴趣谈起，势必能激发客户继续谈话的欲望。

二、不断追问，发现客户最强烈的需要

库尔曼曾经有过一个客户叫斯科特，这位斯科特先生是一家食品店的老板。库尔曼曾向这位已经年迈、看上去并不需要购买保险的老人销售出去了他所在保险公司有史以来最大的一笔寿险：6672美元。

当库尔曼见到斯科特先生后，他开门见山地问：“斯科特先生，您是否可以给我一点时间，让我为您讲一讲人寿保险？”

斯科特：“对不起，库尔曼先生，您也看到了，我现在很忙，而且，我并不需要保险，我已经63岁，早几年我就不再买保险了。我的孩子们都已经长大成人了，他们都已经能照顾好自己。现在，家里只有妻子和一个女儿和我一起住，即便我有什么不测，她们也有钱过舒适的生活。”

这段话，听上去非常合情合理，让库尔曼丝毫没有反驳的余地，但这并没有打消库尔曼的积极性。他继续问斯科特先生：

“斯科特先生，您在事业上这么成功，家庭也经营得井井有条的，我想您肯定还有其他的兴趣，如对医院、宗教、慈善事业的资助。您是否想过，您百年之后，他们怎么办？还能正常运转吗？”

斯科特先生沉默了会儿，这让库尔曼意识到自己问到了点子上，于是，他趁热打铁：“斯科特先生，我们的寿险中有针对这一点的险种，能消除您的顾虑，不论你是否健在，您所资助的事业都会维持下去。7年之后，假如您还在世的话，您每月将收到5000美元的支票，直到您去世。如果您用不着，您可以用来完成您的慈善事业。”

听了这番话，斯科特的目光凝结了，他长叹一口气，说：“不错，几年前我资助了3名尼加拉瓜传教士，这件事对我很重要。你刚才说如果我买了保险，那3名传教士在我死后仍能得到资助，那我总共要花多少钱？”

库尔曼答：“6672美元。”

最终，斯科特先生答应购买。

一般情况下，人们买保险是为了让自己和家人的生活有保障，而库尔曼通过不断追问，终于套出了连斯科特自己也没意识到的另一种强烈需要——慈善事业。当库尔曼帮助斯科特找到这一深藏未露的需求后，购买寿险来满足这一需求，对斯科特而言就成了主动而非被动的事。

销售成功的秘诀还在于找到人们心底最强烈的需要。那么，怎样才能找到客户内心深藏不露的强烈需要呢？库尔曼有一个办法就是不断提问，“你问得越多，客户答得越多；答得越多，暴露的情况就越多，这样，你就可以一步一步化被动为主动，成功地发现对方的需求，并满足它。”

三、积极暗示，让客户潜移默化地接受你的推荐

琳达是一名基金产品销售员，这天，在商场闲逛的她看到了一名孕妇，她突然意识到，是不是可以向这位女士销售自己的教育基金呢？

于是，在搭讪后，她先与这位女士谈论了一些孕育孩子的问题。在发现对方已经不排斥自己时，琳达开始发问：“为人父母，都要尽可能地让儿女受到良好的教育，怎么样？您考虑过筹集费用的问题吗？”

听到琳达这么说，这位女士沉默一下，才做出回应：“是啊，我怎么没想到呢？现在的孩子都不能输在起跑线上，我该考虑给他买个教育基金的，你有这方面的熟人吗？”

不难想象，琳达就这样销售成功了。

这里，我们需要注意的是，当我们做出一些暗示后，要给客户一些充分的时间，以便让这些暗示逐渐渗透到客户的思想，进入客户的潜意识里。

可见，只要我们学会运用技巧，逐渐挖掘出对方潜在的某些需求，那么，令陌生人成为潜在客户，也并非难事。

销售技巧点睛

1. 对于客户的潜在需求，我们可以在与之对话中捕捉信息，然后积极、大胆猜测。

2. 询问是求证客户潜在需求的一个良好方法。

3. 套话，需要我们在与客户谈话的过程中做到思维敏捷、巧言相对。

口碑营销，让老客户心甘情愿为你介绍新客户

现实销售中，我们总是羡慕那些从事多年销售的前辈，他们在销售产品的过程中得心应手，有丰富的经验是一方面，另外一方面的原因就是他们给自己编织了广大的客户关系网，那些忠实的客户会介绍和销售一些潜在的客户给他们。他们的销售工作也就越来越顺，业绩也就相应地越来越好。而我们想过没，这些前辈也是由销售新手逐步走过来的，这些资源都是他们从一个个客户慢慢培养出来的。

的确，客户是最好的证人。为此，如果我们想扩大客源，就不妨与老客户建立良好的关系，让其设身处地地为我们做一些事情，帮助我们树立良好的口碑。

一、妙用“250法则”，礼貌对待任何一个客户

关于乔·吉拉德的“250法则”，有这样一个来源：

那时，乔·吉拉德进入销售行业不久。有一天，他去参加一个朋友母亲的葬礼。这是一个天主教葬礼。

葬礼进行一段时间后，葬仪社的职员向现场的参加者分发印有死者名字和照片的卡片，乔·吉拉德早知道这种情况，但却从未特别思考其意义。这天，乔·吉拉德突然有种很强烈的好奇心，于是，他便询问葬仪社的职员：“怎样决定印刷多少张这种卡片呢？”

那位职员回答说：“这得靠经验。刚开始，必须将参加葬礼者的签名簿打开数一数才能决定，不多久，即可了解参加者的平均数约为250人。”

后来，一位服务于新教徒葬仪社的员工向乔·吉拉德买车，待一切手续完成后，吉拉德问那位员工每次参加葬礼的人平均为多少人，他回答说：“大概250人。”

又有一次，乔·吉拉德与妻子应邀参加一个结婚典礼，遇见了那个婚礼会场的经营者，乔·吉拉德问他一般被邀参加结婚仪式的客户人数，他如此回答：“新娘这边约250人，新郎那边估计也是250人，这是个平均值。”

通过这几件事，吉拉德感觉到自己好像发现了什么，但是他并不确定自己的发现是否准确。于是，在一些其他的生活领域，他专门做过调查，直到最后他终于确定“250”这个数字的重复出现并不是一个巧合，它是一个人在他的生活、交往领域中与之关系比较亲近的人的总数。

这一发现让乔·吉拉德认识到了一个人的关际网之广，也让他认识到了需要礼貌对待任何一个客户的重要性，因为他知道得罪一个客户的代价太大了。乔·吉拉德认为，每位客户的背后，都与大约250个人有着联系，这些人一般是客户的朋友、亲人、同学、同事等，如果一个销售员得罪了一个人，那么，便有250个人不愿与之打交道。乔·吉拉德把这种现象称作“250法则”，由此并得出结论：在任何情况下，都不要得罪哪怕一个客户。

从此，乔·吉拉德每天都将“250法则”牢记在心，抱定客户至上的态度，时刻控制着自己的情绪，不因客户的刁难，或是不喜欢对方，或是自己心绪不佳等原因而怠慢客户。因为他始终觉得，你只要赶走一个客户，就等于赶走了潜在的250个客户。当他与客户接触时，不管自己内心产生何种想法，都不会把情绪表露出来，他所关心的只是生意。

二、长期服务，不要忘记回馈老客户

曾经有记者问乔·吉拉德："我知道你从事这个汽车销售的最好的成绩是一天卖出18辆车，这个纪录到目前都还没有被打破过。那么，在你从事汽车销售的职业生涯中，有没有什么原则是你一定要遵守的？"

而乔·吉拉德的回答是："当我乔·吉拉德卖给你一辆车以后，我要做三件事：服务、服务、还是服务。有人问我：'乔，我一个月只卖掉4辆车，都有点照顾不过来了，你怎么做到的？你的业绩可是平均一天卖6辆，你怎么权衡？你怎么为这么多客户提供服务？'一个月卖掉四五十辆车对我来说太容易了，我与一家很有情调的意大利餐厅签有合约。在每月的第3个星期三，我会邀请客服部的36位同事——他们是维修汽车的技工——来与我一同进餐。我给予他们关爱，重要的是他们也表现出对我的关爱。所以当客户来的时候，我的助手去客服部能请出4位技工，二话不说打开工具箱马上开始修理客户的爱车。在那之后，你会去找谁买车？乔·吉拉德。因为我给你们关爱，卖车时我会给你承诺，因为我卖给你车后会告诉你，我绝不会对这辆车置之不理。你叫艾迪，对吗？艾迪，我决不会抛弃这辆车，我会一直关注这辆车。无论你何时何地需要我，我都会给你的车提供超乎想象的服务。投之以桃，报之以李。通过口碑相传，乔·吉拉德的服务尽人皆知。全美国的人蜂拥而至，来我这里买车。"

估计任何一个销售员都羡慕乔·吉拉德的销售业绩，那么，我们也应该和他一样重视对客户的售后服务。当我们把产品卖出去以后，并不是就万事大吉了，相反，这正是下一次销售的开始。客户购买完产品，无论是对产品质量、使用方法等存在疑问，还是需要维修，我们都应做到不遗余力地为客户解决，只有让客户满意，才可能打开新的销售大门。乔·吉拉德所谓的口碑营销，也就是这个道理：如果你的产品和服务都非常优秀，价格也合理，有时不用你要求，客户也会介绍他身边的人找到你。

三、真正关心客户的利益，让客户体谅你的用心

我们想让老客户满意，进而让其为我们树立良好口碑，就不要为了销售而销售，而要真正关心客户的利益，并从这一点出发，充分挖掘客户的购买需求甚至是隐藏的需求，并努力降低客户需求中的成本耗费，从而最终使产品符合并超出客户期望。

为此，我们就必须从客户的角度来销售，并要注意一些细节，要尽量在每一个细节上做到让客户满意，如果营销人员的服务超出了客户的预期，就会打动客户的心，使客户的满意度提升为对产品和服务的忠诚度。例如，我们可以这样告诉客户：“我觉得这款贵的××反倒不适合您，您没必要花那么多钱买它。”而当客户体谅到你的用心后，也会更加信任你，并把周围的朋友介绍给你。

1. 经常打电话或者上门询问客户产品的使用情况，如果出现问题要及时帮助客户解决。

2. 要敢于开口，不要羞于让老客户帮你介绍新客户。

3. 对于给你提供推荐作用的客户，你一定不要忘记他们应该的回报，哪怕是一个电话也好，要让他们知道你心里在感激着他们。

登门拜访，更考验你的情商

可能很多销售员认为，在各种寻找客户资源的方法中，直接入户拜访是最容易被客户拒绝的方法，因为人们对于陌生销售员的拜访，往往都因心存戒备而不假思索地拒绝。但实际上，直接拜访客户能帮助你迅速地掌握客户的状况，效率极高，同时也能磨炼销售员的销售技巧及培养选择潜在客户的能力。因此，在办公设备、保险、图书等行业，登门拜访这一方法被广泛使用。

但我们同时需要注意的是，入户拜访，如果你没有一定的口才，那么，就会显得过于直接和突兀，也会加重客户的防备心理。而如果我们能在拜访时把话说得自然、得体，则能有效拉近与客户间的距离。

一、独具匠心的开场，吸引客户的注意力

某地毯销售员对客户说："您知道吗？您每天只花一毛六分钱就可以给您的卧室铺上地毯。"客户对此感到惊奇："什么意思？"

销售员慢慢讲道："您的卧室是12平方米，而我们公司的地毯每平方米为24.8元，这样需297.6元。我公司的地毯可使用5

年，每年365天，这样平均每天的花费只有0.16元。”

好奇是人类行为的基本动机之一。人们对于那些自己不知道、不了解或者觉得特别的东西，都会充满好奇心，并有继续了解的欲望。

案例中的销售员很善于制造神秘气氛，以引起对方的好奇。在挑起了客户想知道的欲望后，再将产品推荐给客户，这比开门见山的介绍效果要好得多。

二、注意说话的态度和方式，给客户留下一个好印象

高文是一名销售经验丰富的销售主管。他传授给手下的销售员们很多销售经验。

一个星期一的早晨，高文刚上班，正在开例行会议，安排本周的工作计划和布置重点工作。但此时，突然有人敲门，原来是一家文具用品公司的人上门销售。

“打扰一下，我是××文化用品公司的……”没等对方说完，正在开会的一些下属们就不耐烦地说：“你没看见我们正在开会吗？”

对方一看这些开会的人都没有笑脸便悻悻地走了。

高文对这些开会的下属说：“被他这么一打扰，我都不记得我说到哪里了。”心里对这位不速之客更反感了。

接下去，他说：“昨天，我们刚讲到拜访客户的一些相关事宜，你们看，这位小伙子就给大家做了一个反面教材。我们在拜访客户的时候……”

案例中，我们发现，这位不速之客之所以会让这些开会的客户心生反感，主要是因为：首先，他选错了拜访的时机，在对方忙碌时拜访，无异于撞在了枪口上；其次，他在推门进去之后，就开始自报家门，开始销售，没有寒暄，没有铺垫，太过直接，对方自然无法接受；最后，在被拒之后，他的态度是悻悻离去，没有一个专业的销售员应有的良好的心理素质。

可见，入户拜访，销售员一定要注意自己的说话态度和表达方式，真正打动人的是自然、贴切并带有情感的话。成功的销售员都能做到这一点，因此，他们即使拜访陌生客户，也会显得顺理成章。

三、要谈论客户感兴趣的话题，来突破双方的不协调

某天，某健康推广员来到某小区，根据资料，他敲开一位客户的门，开门的是个阿姨。开门时，阿姨手上还在摘菜，这位销售员就顺口问："阿姨，今儿这芹菜是什么价儿啊？"

"都××元一斤了，又涨价了，一到冬天就这样，你说我这点退休工资，都不够养活我自己了。"

"是啊，我们这些年轻人不爱自己做饭，所以这菜价儿还真不知道，不过自己做饭，比在外面吃健康多了。"

"这倒不假，我也经常跟我儿子说回家来吃饭，他们不愿意回来，说是耽误时间，但外面吃哪里有家里干净啊……"

"阿姨，这墙上那照片是您儿子吧，看上去真英俊，一定是个知识分子，相信阿姨一定是个教子有方的好妈妈。"

"我儿子在××大学当教授，他从小就爱学习，到现在也还是不忘读书，平时都在学校，只有周末才回来……"

就这样，这位销售员和客户关于教育孩子的一些问题谈了很长时间。过了会儿，销售员说："阿姨，您看，和您聊这么久，我居然忘了今天来这儿的目的了，不知道您还记不记得，上周六在中山公园，您填了一张健康卡？"

“对呀。”

“您真是很幸运，几百人中抽中了您，所以您将免费获得一张价值100元的健康检测卡，您好像在卡片上填了您有高血压，我们的仪器也主要是检测心脑血管情况的。常检查，做好预防，不但可以省去很多的治疗费用，更可以给您的儿子省去很多麻烦。您要是有时间的话，这几天就去我们公司看看，检测一下您的身体状况，您看怎么样？”

“嗯，你说得对，我一定要注意健康啊，不然我儿子在外面工作也不省心啊，我这周末就去。”

案例中，我们发现，这位销售员很懂得见机行事，当他敲开门后，发现开门的是一位摘菜的阿姨时，他就从菜价入手，与客户进行适当寒暄，并随机把话题转到客户最关心的问题——教育子女上。当与客户建立一定的感情之后，再谈及销售，客户接受起来也就容易得多。

实践证明，如果销售员能在谈话中激发潜在客户谈话的欲望，那么，对客户开发工作是极为有利的。为此，销售员在谈话过程中要尽量以客户为中心，摆事实讲道理。同时还要善于不断找到新话题，形成一个完整的拜访过程。

可见，作为一名销售员，在寻找客源的过程中，不仅需要胆量，敢于直接登门拜访，更要掌握与客户沟通的技巧。诚然，我们不可能与拜访的每一位客户达成交易，但应当努力去拜访更多的客户来提高成交的百分比。而要达到这一目的，以上任何一个细节性的话语都必不可少，将这些话说得得体、到位，才会给客户留下良好的印象，从而有助于我们的销售工作！

1. 拜访客户前要设定拜访目标，对客户进行分析，不做无用功。

2. 准备充分，事先准备好一套让客户接受的说辞。

3. 我们在与客户沟通前，必须要调整自己的心态，不能给自己施加太大的压力。在沟通中要做到坦诚、自然、微笑、不卑不亢。

积极走动，各种聚会、活动上发掘到客户

在现代商业社会，要生存要发展就必须具有较强的竞争力。销售行业竞争之激烈更是有目共睹。而这种竞争不仅包括才能、素质等方面的竞争，还与人际关系有重要的关联。人际关系好，就会有广博的客源，做起生意来就会得到众人的支持，在与对手的竞争中就会处于优势地位。一个优秀的销售员，从不会封闭自己，而是注重发展自己的人际关系以及在各种场合下的语言才能，在聚会和活动上挖掘出一些客户资源。

一、会议场所，搜集各类客户信息

小叶是保险公司的销售员，他在销售保险上有一套自己的心得，如他喜欢积极参加市里举办的各种会议和活动，在这些场合挖掘潜在客户。

每次会议前，小叶都会通过会议的举办人获得这些客户的资料，然后再采取一些针对性的措施。

例如，如果他知道哪位客户爱好旅游，就会给客户送一些旅

游资料。打个比方说，有的客户要出国，他就从网上搜索出这个国家的资料，整理成小册子送给这位客户。小册子上介绍了这个国家的风土人情、流通货币和餐饮食宿，客户用起来很方便。同时，小叶还会向客户介绍旅游保险，以及境外援助的方式等。

再如，对于那些长期在外出差的、有较强购买力但还没有买保险的准客户，小叶会送他们一些卡单式短期意外伤害保险。这种保险期限为几天的意外伤害保险，特别适合他们。

小叶就是借着这种方式和他们建立进一步沟通的，并让他们对保险有更进一步的认识，从而慢慢成为自己的大客户。

案例中，小叶寻找准客户的方法值得我们效仿。通过会议举办人，小叶能了解到客户的信息，如果客户爱好旅游，那么，小叶给准客户送他们所需的旅游资料的机会，自然而然地销售了与客户出行相关的旅游保险。另外，对于那些没有购买保险的有潜力的人，他采取送卡单式短期意外伤害保险的方式，不仅加深他们对保险的认识，也增强了他们对他的信任。经过如此的沟通，当他们需要购买保险时，肯定会先想到小叶的。

我们发现，那些成功的销售员，在寻找准客户的过程中，都不会盲目寻找，而是有的放矢，如各种会议场所都是他们关注的焦点。因为一般来说，这些会议场所，云集了各种行业的人士，在这类场合搜集客户信息，远比毫无目的的上门销售要省力得多!

二、进入社团等团体，有助于客户开发

汽车销售者小林也是一名马达爱好者，很喜欢摩托、汽车等，他参加了一个越野车俱乐部，周末的时候，他就和这些会员们一起开车到郊外兜风。

小林虽然精通汽车零部件乃至修理等各个方面的知识，但对于汽车销售，却不是那么在行。这不，刚入职不久的他就遇到问题了，上哪里找客源呢？总不能天天待在店里等着客户上门吧，天下可没有掉馅饼的事。

这天，一脸沮丧的他找到朋友，向朋友倒了一肚子的苦水，结果还没等他说完，朋友说："你傻呀！你自己这是占据有利资源却不利用啊！"

"这话怎么说？"

"你在越野俱乐部有那么多朋友，大家都是马达一族，你怎么不找他们帮忙呢？"

"是啊，我怎么忘了这点，即使他们自己不买车，也或多或少有需要买车的朋友。可是我怎么好开口呢？我觉得不好意思啊。"

"怎么不好意思，如果他们需要车，那么，在你那里买和在其他地方买，不是一样吗？再说，如果你的服务态度好、售后完善，对方还会为你介绍客户呢。那么，你的生意就会源源不断了……"

案例中，汽车销售员小林虽然是汽车俱乐部的会员，但却不知道利用资源，为寻找客源而烦恼，在朋友的提点后，他才认识到这点。

每个销售员必须走出去，主动寻找客户。你的产品或服务是否只是针对某一个特定社会团体，如青年人、上班族、银行家、学生、零售商、律师或艺术家？如果是这样，那么这些人可能属于某个俱乐部或社团组织。和案例中的小林一样，如果我们能积极参加各种社团活动，获取他们的名录，充分利用这一资源，那么，寻找潜在客户的过程将会容易得多。

三、各种聚会间，隐藏着丰厚的客户资源

方先生独自经营着一家纺织厂，他已经快三十岁了，但还保持着二十几岁时的心态和激情，经常参加各种同学、老乡聚会等，即使他的生意并不好。

有一个周末，方先生从朋友那里得知，他的初中同学要举办个小型的聚会，他二话不说便答应参加。

这天，在酒桌上，他得知一个同学手上有一批积压的布匹，准备低价出售，因为这位同学马上要出国定居，想在出国前处理好这事。当这位同学提到这事的时候，其他人都表示爱莫能助，但方先生心想，这批布匹由于是外贸产品，在国内市场同样也可以销售出去，所以如果自己低价收购的话，还可以赚些中间利润，而最重要的是，这样做，可以让自己交到一个很好的朋友，大家是同行，也有助于双方将建立良好的合作关系。

但当他回到厂里的时候，很多老员工质疑，自己是生产布匹的，厂里的货还没有发出去呢，怎么还接手这么个烂摊子呢？当他向这帮老员工说完个中利害后，大家都表示方先生有先见之明。

果然，这位同学很感激方先生，并表示以后他会把自己的老客户都转给方先生，他还不断向自己的朋友夸奖方先生，为方先生介绍了很多的生意。就这样，在不到两年的时间内，方先生的纺织产品风靡越南，生意也越做越大。

后来，方先生常说："眼睛只盯着钱的人做不成大买卖。买卖中也有人情在，抓住了这个人情，买卖也就成功了一半。"

案例中的这位方先生是非常聪明的，虽然他的生意并不好，但还始终保持着热情，懂得利用各种聚会来扩展自己的人际网。如果当时他没有站出来为这位同学排忧解难，那么他便会损失很多这位同学介绍的客户，虽然接受这批积压的布匹表面上看是吃了点亏，但他却交到了一个朋友，孰轻孰重，明眼人一看就知道了。

总之，销售员通过参与各种聚会和活动与客户建立起感情账户，就能帮助自己更好地开展工作。但我们若想让客户对我们的产品产生兴趣，也同样需要掌握很多沟通技巧、注意很多问题。

1. 销售中的人际关系的积累和口才同样都应成为销售员努力的方向。

2. 善于筛选，不是所有人都人都会对我们的销售工作有所帮助。

3. 不要急于销售，而要顺其自然、巧妙过渡，人们都对陌生人有一种戒备心理。

第 3 章

拜访有方，把握细节，才能少吃闭门羹

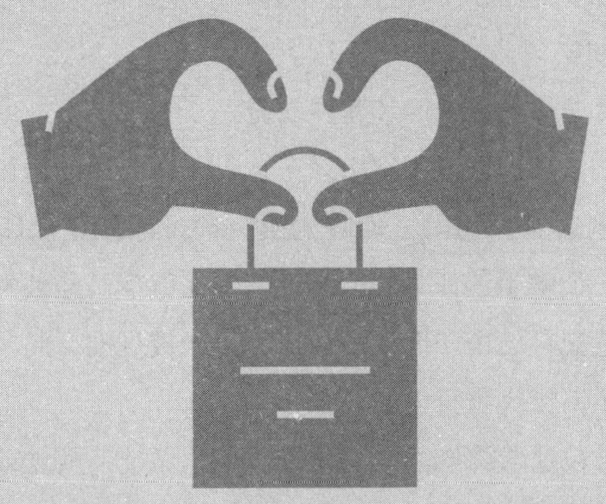

巧妙寒暄，正式推销前先要暖好场

一个好的开始，就是成功的一半。人们见面时通常会有一番寒暄，销售也是如此。一段精彩的开场白，通常也都是以寒暄作为铺垫的。英国著名作家托马斯·卡莱尔曾说：“礼貌比法律更强有力。”寒暄其实就是一种礼貌，也是在与客户接触中一个比较重要的问题。作为销售员，我们在与陌生客户正式交谈之前，能否做好开场工作，几乎可以决定我们是否能成功拜访客户。因为初次见面的时候，客户一般都有戒心，对销售员有一种自然的防备心理。为了打破相互之间的隔膜，我们不妨与客户寒暄一番，迅速拉近与客户间的距离，尽可能与对方实现沟通和交流。

一、真诚热情，大胆和客户交流

贝尔纳·拉迪埃是某空中客车飞机制造公司的销售能手，当他被推荐到这家公司时，面临的第一项挑战就是向印度销售飞机。这是一个棘手的任务，因为这笔交易似乎已经被判“死刑”了——这笔交易已由印度政府初审，但未被批准。此时，一切希望就压在了销售代表身上。

对此，拉迪埃深知肩上的重任。他稍做准备就立即飞赴新德里。接待他的是印度航空公司的主席拉尔少将。

拉迪埃到印度后，见到他的谈判对手后说的第一句话是：

“正因为您，使我有机会在我生日这一天又回到了我的出生地，谢谢您！”这句话一语中的，很有效果，迅速拉近了和这位少将的距离，为成功销售出自己的飞机打下了良好的基础。

拉迪埃靠着娴熟的销售技巧，为空中客车公司创下了辉煌的业绩：仅在1979年，他就创纪录地销售出230架飞机，价值420亿法郎。这当中，应该说也少不了他善于寒暄的功劳。

“正因为您，使我有机会在我生日这一天又回到了我的出生地，谢谢您！”这是一句非常得体的开头语，表达了好几层含义：那天是他的生日，而且印度是他的出生地；而能在生日当天这个值得纪念的日子回到自己的出生地，完全得益于对方，因此，他感谢主人慷慨赐予的机会。这句话并不冗长，但却简明扼要、贴切自然，一下子拉近了拉迪埃与拉尔少将的距离。拉迪埃的印度之行取得成功，也就不足为奇。

与客户寒暄的前提是，我们要大胆、自信、主动地和客户交流，敢于向客户抛出话题。这一点，对于那些刚踏入销售行业的新人来说尤为重要，如果不敢主动迈出第一步，就无法做到突破。刚开始做销售时，有时候不知道跟客户讲些什么，而且有时候有很多的顾虑，很容易和客户冷场。

除了主动外，我们寒暄时还要表达自己的真诚与热情。试想，当别人用冷冰冰的态度对你说“我很高兴见到你”时，你会有一种什么样的感觉？当别人用不屑一顾的态度夸奖你“我发现你很精明能干”时，你又会作何感想？推己及人，我们寒暄时不能不注意态度。

二、选择一些轻松的话题

一个周六的早上，老年保健仪器销售员小林敲开了准客户吴先生的门。开门的正是吴先生。

进门以后，小林扫视了一下客厅，整个客厅，都有种古色古香的感觉。不一会儿，他抬头就看见满客厅的字画。很快，他就找到了与吴先生交谈的话题。

“哎哟，这字写得，我真不知道怎么形容的好，吴先生，这是您从哪里弄来的墨宝呢？是市里哪位书法家的真迹啊？”

吴先生一听，顿时笑了起来，说：“让你见笑了，这是我父亲写的，他比较爱好这些，平时没事就舞文弄墨……”

“看来我今天还真是来对了，令尊现在在家吗？”

“这几天他去省城的姐姐家了，估计过几天才会回来。”

“真是可惜了，我还想要是令尊在家的话，我想向他老人家讨要点他的字画呢！”

“哦，原来是这样啊，这个你可以放心，我可以做主，送你几幅。”

“太谢谢您了……”

就这样，吴先生与小林就中国字画的问题聊了起来。聊到尽兴之时，小林突然装作乍醒的样子说：“吴先生，您看，我和您一聊到这里，就忘了我今天来原本是想要……不过，您不购买也没关系，我今天可是收获颇丰啊。”

“你说的是老年保健仪器？老爷子身体现在越来越不好了，我也没时间陪他锻炼身体，要不，你回头送一台过来给我看看吧。”

“好的，谢谢吴先生。”

案例中的客户吴先生为什么会如此爽快？很简单，这得益于销售员小林在提出销售问题前进行了一番语言的铺垫，得体地与之寒暄了一番。在小林进门之后，他就对客户家的一些特点进行了观察，于是，他很快找到了与客户寒暄的话题。我们再细想一下，难道他真的不知道这些字画出自客户的父亲？当然知道！他这样问，只不过是让自己的赞美显得更真实可信。于是，针对客户家的这些与众不同的“风景”，小林与客户展开了一番深入地交谈，很快便获得了客户的好感。此时，小林再提出自己拜访的真正目的，客户的抵触心理自然少得多。而在这种情况下的小林依然不断提及自己“今天拜访收获颇丰”，这就更加加深了客户对自己的良好印象。这时，客户再从自己的角度考虑，就很爽快地表明自己有购买需求。

我们寒暄的内容可以是多方面的，如天气冷暖、身体健康、风土人情、新闻要事等，我们尽量得用语言把话题引到客户感兴趣的话题上去。但是寒暄时具体话题的选择要讲究，要注意话题的轻松性，话题的切入要自然。

1. 寒暄的前提是大胆、自信、主动地和客户交流，敢于向客户抛出话题。

2. 注意态度，表达真诚与热情。

3. 不要让别人感觉你带有明显的目的性。

拜访客户，一套高情商说话策略必不可少

很多销售员认为，拜访客户，只要能说会道，对产品足够了

解就可以打动客户，实际上，你会发现，无论你怎么能言善辩，你的拜访结果一直维持在一个都不太满意的标准上。这是为什么呢？其实，拜访的技巧掌握程度是决定销售成败的最关键因素，我们除了具备智慧、经验以及足够实践经验外，还必须掌握一套必备的说话策略，而且，有些话必不可少。如果我们能将这些话都说到位，那么，拜访成功的可能性将大大增加。

的确，在拜访客户的过程中，任何一个过程都不可遗漏，否则，就显得有失礼仪。一套完备的说话策略包括三个方面。

一、动情开场，打消客户的顾虑

刘华是某公司销售部的经理，一次，在新人培训的过程中，他亲自带着一位刚来的销售代表去拜访一家大公司的采购主任方先生。

双方见面后，销售代表与采购主任方先生之间的交易似乎显得并不顺利，谈话也不是很畅快。经验丰富的刘华经理看出“问题”出在了双方交谈缺少某些“润滑剂”。于是，他灵机一动，突然想起在来的路上，销售代表曾经对他说方先生有一对双胞胎女儿，今年刚刚上小学，方先生特别疼爱她们。于是，刘华就趁机与他聊起了女儿。

“听说方先生有两个非常可爱的女儿，是吗？”

“是的。”方先生脸上顿时流露出来一丝微笑。

“听说还是双胞胎？今年几岁了？”

“7岁了，这不已经上学了。我下班还要去接他们呢。”

“听说她们的舞蹈跳得特别棒。”

“是呀，前几天还代表学校参加全市的演出了呢。”

提起了女儿，方先生的话就多了，聊了一会女儿，方先生主动把话题引到了这次见面的业务上。

“其实，你们公司的产品……”

我们发现，案例中的销售经理刘华是个很善于与客户沟通的人。当他发现客户与业务代表之间的交谈不顺利时，他便立即找出了能引导客户多说话的话题——客户的双胞胎女儿，进而慢慢消除了客户的心理障碍。如果在开始销售代表与方先生交谈的不顺利的情况下，销售代表或者刘华依然坚持谈业务本身，那么，过不了几分钟方先生肯定就会下“逐客令”的。但是，刘华抓住时机，巧妙地引入方先生感兴趣的话题与其聊天，这样便很容易地打破了谈话的僵局。

可见，开场白的设计是否得当，关系到你后面的销售能否顺利进行，必须要慎重对待。这里包括以下几个步骤：

步骤一：称呼对方的姓名。

叫出对方的姓名及职称——每个人都喜欢自己的名字从别人的嘴里说出来。

步骤二：自我介绍。

清晰地说出自己的名字和企业名称以及经营的产品。

步骤三：感谢对方的接见。

如：“非常感谢陈总经理在百忙之中抽出时间与我见面，我一定要把握好这么好的机会。”

步骤四：寒暄。

寒暄在销售工作中是必不可少的一部分，根据事前对客户的资料准备，表达对客户的赞美或者能配合客户的状况 ，选择一些能引起对方兴趣的话题。

二、抓住时机、陈述拜访理由

某天，销售员小陈来到某小区，准备向他事先了解过的某个准客户销售他的吸尘器。于是，他敲开了客户的门。开门的是一位温婉的女士。

小陈："太太，您好，我是××公司的销售代表陈××，是这样的，我这周一已经和您先生预约过了……"

客户："我们现在不需要。"

小陈："看得出您很忙！有您这样的人持家，您的家人一定十分幸福！"

客户："噢，谢谢！今天我丈夫不在家。"

小陈："我听说了，我知道您先生是一位事业成功、在业界有影响力的优秀人士。那句话说得没错'每一个成功的男人背后都有一个伟大的女人'。"

客户："呵呵，哪里。我听我丈夫说过购买吸尘器的事儿，我们对你的产品还是挺感兴趣的，这样，你先等一会儿吧，他马上就要回来了。"

小陈："好，谢谢……"

案例中，我们可以看出，销售员小陈在拜访客户时，尽管得到了客户的预约，但还是遭到了这位客户妻子的习惯性拒绝，因为他在拜访之初就直接道明自己的目的，不免显得过于唐突。但值得庆幸的是，在接下来的谈话中，他保持了良好的态度和自然的语气，并对客户说了一些"动情"的话，从而获得了客户的认可，挽救了销售局面。

那么，如何陈述拜访理由呢？对于有预约的情况，我们可以这样表达："××先生，您好，我是××公司小陈，就是上周去拜访您的那位。"而对于没有预约的情况，我们则可以这样表达："×× 先生，是这样的，今天我来拜访呢，是因为我从您的好朋友××那里得知，您最近需要购买一批××，他和我们合作很多年了，相信我们的产品，所以让我上门来和您谈谈……”在有了开场白的情况下，客户对这些信息接受起来会容易得多，也不会有多少逆反情绪。

三、告辞时不忘礼节用语

俗话说：去时要比来时美。只有这样，你才能给客户留下深刻而又美好的印象。拜访结束后，无论是否取得积极的拜访结果，我们都要彬彬有礼。

拜访客户，告辞时与进门时的寒暄同样重要，我们不可忽视告辞时的礼节用语，特别是你在被客户拒绝的情况下，你的表现更能体现你的个人素养，此时，你的举止应该更沉稳，比如一边收拾资料，一边向客户道歉：“对不起，打扰您了！”或“在您方便的时候，我再来拜访您！”然后，鞠躬告退。你越是彬彬有礼，越是能让客户感受到你的良好修养，甚至让客户产生内疚的感觉。

我们不可能与拜访的每一位客户达成交易，但应当努力去拜访更多的客户来提高成交的百分比。而要达到这一目的，以上任何一个细节性的话语都必不可少，将这些话说得得体、到位，才会给客户留下良好的印象，从而有助于我们的销售工作！

1. 拜访之初，不可开门见山道明销售目的。

2. 知己知彼，百战百胜，拜访客户前要设定拜访目标，对客户进行分析。

3. 营销的最终目的是实现销售、满足客户的需求。但在跟客户交谈中，还要善于营造融洽的会谈气氛。

循序渐进，别在一开始就谈销售

与客户做生意，我们最终要与客户接触，因此，拜访客户的过程就必不可免。但出于要将产品销售出去的根本目的，一些销售员在拜访客户的时候，显得很盲目，见了面不知道该说什么、该怎么样说，只是很简单地介绍下自己，然后就极力向客户销售产品，结果还没开口介绍就被客户拒绝，只得灰溜溜地逃走，销售业绩也不尽如人意。到最后还弄不明白，为什么现在的社会客户这么难开发？客户关系这么难维护？其实不然，不是客户难搞定，而是销售员自己的问题，有许多东西你是否注意了？有许多方面你是否做到了？如果能够多去思考，善于复制别人成功的方法，善于行动，善于总结，那么搞定客户也很轻松。

要知道，客户在接受销售员拜访时，他们的压力也是非常大的，他会担心受销售员欺骗，担心买的产品不适合等。这时，最忌讳的方式是硬推产品，因为这样往往使客户压力过大而最后放弃采购。也就是说，我们在拜访客户中，关于销售的话术不可太露骨。

一、语言亲切、自然，在客户心中建立好感

原一平是日本著名的保险销售员。

有一次，他前去拜访一位客户。之前，他曾了解到此人性格内向，脾气古怪。见面后果真如此，有时他们谈得正欢，他却突然烦躁起来。他还清楚地记得那次他们谈话的情景。

“您好，我是原一平。”

“哦，对不起，我不需要投保。我向来讨厌保险。”

“能告诉我为什么吗？”原一平微笑着说。

“讨厌是不需要理由的！”他显得有些不耐烦。

“听朋友说你在这个行业做得很成功，真羡慕你，如果我能在我的行业也能做得像您一样好，那真是一件很棒的事。”原一平在说这些话的时候，语气温和，而且还是一脸的微笑。

听原一平这么一说，那人的态度略有好转：“我一向是讨厌保险销售员的，可是今天我却不忍拒绝与你交谈。好吧，你就说说你的保险吧……”

显而易见，在接下来的交谈中，他们谈到他们感兴趣的话题，彼此都兴奋地大笑起来。最后，这位客户愉快地在保险单上签上了他的大名并与他握手道别。

原一平成功的销售经验告诉我们，在开发客户过程中，不管对方是什么态度，我们都要以良好的销售语气与之交谈，让对方看到我们良好的职业形象和职业素养。

作为销售员，怎样将产品销售出去是首要问题，但销售产品的前提是，我们要成功取得准客户对我们的信任，这里，销售员的服务意识和习惯，决定了客户的信赖程度和认可度。要知道，信任是成交的根本，所有的技巧都是对信任的诠释，技巧可以缩短客户对你信任的过程，但是只有“心”才能让客户最终信任你。而这种信任，正是在我们与客户交谈的点点滴滴中产生的，包括经常被我们忽略的销售语气。

二、关心客户以及周围的人和事

在日本，上午，家庭主妇多忙于打扫与洗衣服，这时候，她们多半不欢迎销售员，而有空闲应付销售员的时间大约是下午4点钟，然而这时正是婴儿午睡的时间。

大吉保险公司的川木先生只要看到某户人家晒着尿布，就不会轻易按门铃，只是轻轻敲门，以示访问之意。当主妇前来开门时，他会用最小的声音向一脸狐疑的母亲说："宝宝正在睡午觉吧？我是大吉保险公司的川木先生，请多指教。4点多的时候，我会再来拜访一次。"

有人曾说，多研究儿童的心理，对你的销售大有帮助。任何母亲对这种细心的考虑都充满感激，不是立即邀请他进来坐，便是在他重新来访时面带笑容地迎接他。反之，如果销售员不管不顾大摇大摆地冲进去，结果只会被对方撵出来。

对于销售员来说，具有良好的亲和力是能够与客户融洽交谈的必然要素。想要在客户心中建立起亲切感，不仅要我们做到语言亲切、自然，还要我们做到关心客户的生活。这样才能使客户感到愉快，从而对销售员产生信任。热情的语言也决定了态度的热忱。

三、把控进程，别占用客户太多时间

客户最讨厌夸夸其谈却又不知所云的销售员。因此，销售员要经常反问自己每一次的客户拜访是接近了客户一步还是远离了客户一步，如果你自己都没有准备好，客户也感受不到你的用心，不了解你此次拜访的主题，客户为什么要花时间与你会话呢？

拜访时要善于把握进程，说占用对方几分钟的时间就占用几分钟，尽量不要延长，否则客户不但认为你不守信用，还会觉得你喋喋不休，那么下次你再想约见他恐怕就很难了。当然，如果客户自己愿意延长时间与你交谈那就另当别论了。

总之，一个好的销售员往往善于总结各种讲话艺术的优缺点，取其所长在销售过程中综合利用。在与潜在客户沟通过程中，要做到准备充分、有勇有谋、多留后路，才能把握整个拜访的进程，并运筹帷幄，进而减少急躁、急功近利的情况！

1. 销售员要把握说话语速，语速太快会给对方一种压力感，似乎在强迫对方听你讲话。

2. 应以介绍产品信息、了解对方状况为主。降低销售意味，反而易于达成成交机会。

3. 要留下对方的联系方式、地址等资料，并做好记录，这样做有助于下一步销售的筹划，也可借此建立客户档案。

选好拜访的时间与地点，营造心理优势

在拜访潜在客户前，我们必当要与之约见具体时间。一些缺乏经验的销售新手们在工作时热情很高，也掌握了熟练的沟通技巧，但还是会遇到没等切入正题就被客户拒之门外的情况，这往往是因为没有选择恰当的沟通时间。如果在不适当的时间与客户进行交流，客户很可能会认为自己的事情受到了打扰。例如，当客户情绪低落的时候，或正赶上客户正忙得不可开交时，销售员贸然上门，通常都不会达到预期的沟通效果。

沟通时机的选择主要看两个方面：

一、时间的选择上：了解客户的时间安排再做抉择

邹云是一名厨具销售员。这天，他打算对曾经购买过产品的某个公司进行一番用户调查，以方便后面的新市场开发工作。

邹云："您好，能否打扰您一下，我是××公司的销售员，以前贵公司买过我们的产品，现在想做一个使用调查，占用您一点点时间就够了，不知是否可以？"

客户："不可以！你没看见我正忙着吗？真是的，刚才老板还打电话来催，怪我没有及时把报表送上去。我没有时间，你改日再来吧。"

这位客户为什么会拒绝邹云？很简单，因为他没有选对拜访的时机，此时，客户正处于忙碌状态，根本没有精力与销售员沟通。可见，沟通时机不恰当，往往使销售员无功而返。销售员如果在一个合适的时机与客户进行沟通，那么取得的效果要好得多，有时甚至会马上取得销售的成功。那么，销售员该如何选择恰当的沟通时机呢？

先对客户大致的时间安排进行充分了解，这可以有效避免尴尬局面的发生。而如果掌握足够的信息，销售员就不会选择在起决定作用的客户不在的时间上门；如果清楚客户的工作规律，就可以避免打扰客户紧张忙碌的工作。

因此，销售员在对潜在客户拜访前，一定要事先做足准备工作，如要对对方的职业进行一番了解，因为一般情况下，客户的时间安排状况是和他的职业有一定的关系的。

不同类型的客户的时间安排是不同的，按照不同的工作性质划分，大多数客户的时间安排大致如下：

公务员：可以选择上下午的上班时间与他们沟通，不过最

好错开午饭或者下班以前。

教师：周末、寒暑假或者每天下午放学以后，他们比较轻松。

医务工作者：周末或节假日他们常常比较忙，每天上午10点前或下午4点后可能相对轻松。

银行工作人员：周末、节假日、月初、月尾及大多数企业的工资发放时间都比较忙，通常上午10点前或下午4点后相对轻松。

餐饮业人员：用餐前后的时间是他们最忙碌的时间，最好在上午十点左右，或者下午三四点与他们联系。

财务工作人员：月初和月尾都非常忙碌，最好是月中与之联系。

……

尽管上述有关客户的时间安排有一定的规律可循，但是仍要注意规律之外的事情发生，如一些突发事件的出现等，况且并不是所有的客户都会遵照这些规律安排自己的时间。为了更全面地了解潜在客户的时间安排，销售员最好能多做一些调查，如了解客户最近是否有外出计划、是否生病、是否有其他活动安排等。

总之，对客户的具体时间安排了解得越清楚，销售员就越容易寻找合适的时机与客户展开沟通，从而最大限度地避免无功而返或引起客户厌烦。

二、地点的选择原则：方便客户，利于销售

销售员小刘是个很细心的青年。在公司，他是唯一一个单身青年，但业绩却是最好的，大家都拿他开玩笑，说他之所以会有这样好的业绩，是因为他把客户当成自己的女朋友一样对待。事实上，也的确如此。

一天傍晚，小刘和客户约好了在郊外的一个度假村见面。可就在快5点钟的时候，突然下起了大雨。小刘心想，客户的公司离度假村太远了，又下这么大雨，还是不让客户来回跑了，于是，他赶紧给客户打了个电话："张总，实在抱歉，我不知道今天会下这么大的雨，您从单位开车去度假村实在太远，也不安全，要不我直接去您单位吧，您看方便吗？"

"小刘啊，你可真是个贴心的年轻人，我刚才还在犯愁呢，没想到你这就打电话来了……"

从上面的案例可以看出，小刘之所以能打动客户，是因为他的细心。为了方便客户，他事先给客户打电话更改拜访地点，感动了客户。

很多时候，一些销售员都忽视了地点的选择同样对与准客户的沟通至关重要，不恰当的沟通地点可能会使客户感到不舒服、不方便或者受束缚。

所以，致力于开发客户的销售员，在与准客户沟通前，最好能先根据不同的客户特点和沟通内容，选择最令客户感到放松和愉悦的地点，尽可能地避免商业氛围较浓的谈判场合，除非是那些需要通过商务谈判来保持联系的大客户。

销售员必须本着"方便客户、利于销售"的原则来选择沟通地点，尽最大努力令客户感到方便和愉快，不要为了自己的方便让客户感到麻烦。沟通地点一般可以选择客户的家中、办公室或者就近的餐厅、茶楼等，千万不要选择客户不便到达的地点。

根据不同的产品特点和沟通内容，在选择沟通地点时，销售员还应该注意以下几点：

① 事先预约，避免扑个空；

② 可以到客户的工作地点销售与其工作有关的产品，但千万不可拖拉，否则会打扰到客户的正常工作；

③ 如果你销售的是某些生活用品，那么，你可以大方地到客户家中销售，或者选择一些生活气息浓厚的地方，如小区广场等，尽量不要到客户的工作地点进行销售。

如果我们能在与客户见面前，先了解一下客户的时间安排，并选择合适的地点，那么，一般情况下，客户是愿意接待的。

销售技巧点睛

1. 选择沟通时机时，要把客户的情绪考虑进去。

2. 要记住一些比较愉快或者对客户来说具有非同寻常意义的时间，很可能是最有利于展开互动沟通的时间。

3. 想要单独送礼物或请客户吃饭时，最好不要选择人多的场合，以免客户感到尴尬。

埋下伏笔，为下次拜访铺好路

我们都知道，作为销售员，拜访客户的最终目的是为了销售产品。为此，一些销售员在拜访目的没有达成的情况下就垂头丧气，认为销售已经失败。其实，任何一次拜访都是有作用的。我们应当信奉的一个原则是“即使跌倒也要抓一把沙”。意思是，销售代表不能空手而归，即使你拜访的客户暂时没有需求，不能成交，也不要与之失去联系，而应该适时地安排好下次拜访的理由，以备下次能顺理成章地完成拜访。

一、在接触阶段，善用谈话的间隙

保险销售员小李某天来到某客户办公室。

小李：“××先生，您好，我是××公司的小李，就是上周和您预约的那位。”

客户：“哦，小李啊，你有什么事情吗？”表面上客户故意装作不知销售员小陈来拜访的目的，但他却想：原来是那个卖××产品的小李啊，我就知道不联络她，她会很快联络催我购买的，但我还没有想好是否购买。

小李：“××先生，这次是有件事情想麻烦您一下，不知道您能否帮忙？”

客户：“哦？有事情找我帮忙，是什么事？”

小李：“记得上次见到您的时候，看到您戴的××牌手表，我的印象很深。我的男朋友最近也想买，我建议他买同款，可惜我不知道具体的型号和使用情况，也不清楚在哪里买比较优惠，所以想问您。”

客户：“哦，这表其实不错的，是今年的新款，我用得很满意，我是在××地点购买的……”

就这样，两人关于这块表聊了很久……

小李：“今天，耽误了您许多宝贵的时间，非常抱歉！我在和您交谈中学到了很多关于钟表方面的知识，受益匪浅。不过，要是您不嫌麻烦的话，我下次还要来打扰您。请您到时一定要再多传授一些知识！再次感谢您的热情接待。”

客户：“和你的交谈我也很愉快，欢迎你下次还来。”

虽然这次拜访中，小李完全没有提及销售保险的事情，但接下来的几个月里，她和这位客户一直保有联系，在几次拜访客户时，客户都很高兴。最终，该公司的保险业务被小李一举拿下了。

我们发现，案例中的保险销售员小李在拜访客户上有自己很独到的一套：销售开始阶段，她并没有直接道明目的，而是连连夸赞客户，让客户获得了心理的满足。而在拜访最后，她适时提出还要麻烦对方传授更多的知识，这就把对方捧到了更高的高度。那么，下次拜访的“借口”也就找到了，这样，在你来我往中，当销售员与客户的感情由利益关系上升到朋友时，销售成功自然是理所当然。

可能很多销售员都苦恼，如何对客户进行第二次拜访？应该找什么样的理由？可能有些销售员认为，先打电话，询问客户的最近状况，并告知客户有新款产品的上市，或者以邀请函的方式邀请客户参加某个活动。但大多数情况下，这些做法是不奏效的，因为，这些借口和开场白客户都已经猜到了，而且他们知道你们随后一定会过渡到你的产品和再次上门的要求上。这时候他们一般不会太配合你。而如果我们在接触阶段，就注意更多了解客户的细节的话，那么，就能利用谈话的间隙，分析出客户需要什么，喜欢什么，进而完成对客户的诱导。例如，当你无意中得知客户喜欢吃某种食物时，你就可以在拜访结束时告诉客户：“前两天朋友从××地方帮我带了很多这种新鲜的××，我回头给您送来些，也不是什么贵重的东西……”这样，下次拜访的理由自然就找到了。

二、善于掌控谈话的时间，不要一次性把话说完

化妆品销售员玲玲在客户周老师的办公室里已经谈了半个

小时，也快到十二点了。于是，玲玲说："周老师，您看，从您下课，到现在我一直打扰您，这都午饭时间了，要不今天就聊到这儿吧。不过，我过几天可还要来请教您啊，您不会不欢迎吧？"

"当然欢迎，和你聊得很开心呢，也学习了不少护肤知识。"

果然，过了几天，还没等玲玲主动约访，这位周老师就给玲玲打电话了……

很多销售员认为，交谈的时间应由客户控制。主动"叫停"，很可能会得罪客户，而实际上，如果我们主动提出结束谈话，为客户节约时间，不仅会让客户觉得你很贴心，还能为下次谈话找个很好的借口。对此，如果我们能和案例中的玲玲一样巧妙留出话茬儿，那么，一般客户都会觉得你是个不卑不亢、有自己的主见的销售员，也就乐意接见你下次的拜访。

总之，作为营销员，一定要多留个心眼，为下一次拜访客户留下话题。只要我们能够灵活运用上面所学的知识，就绝对会成为一名营销高手。

1. 客户的时间是宝贵的，销售员应掌握好谈话节奏，不宜打扰客户太久。

2. 在交谈的过程中，一定要问出并记下客户的联系方式。

3. 拜访结束，你可以给客户发一条感谢短信。

第 4 章

留心倾听，高情商的销售员会说还会听

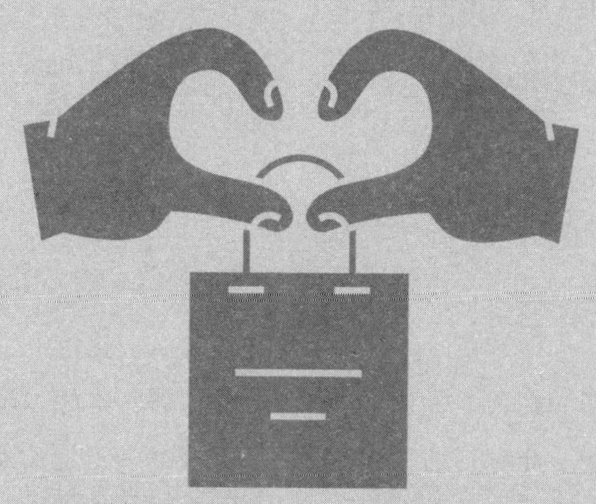

会说的同时还要会听，听出客户的需求

实际销售中，我们在与客户沟通的过程中，只有先弄清客户一些情况，比如是否真的要购买、购买什么价位的产品等，然后再有针对性地进行销售，这样才能事半功倍。事实上，很多时候，出于防备心理，客户并不会道出自己的真实想法。这就要求销售员在能说会道的同时，还要会“听”，以便于在销售中及时判断出客户的需求，从而更准确地找出应对策略，尽快完成销售任务。

一、倾听要“专心”，给客户最中肯的建议

刘雪在一家大型图书卖场工作，两年来，她为很多图书爱好者推荐了心仪的书籍，可以说是一位非常合格的销售员。

有一天，卖场来了一位30岁左右的男人，他的脚步停留在一堆心理学书籍旁。这时候刘雪走了过去，打招呼说：“您好，先生，您是要购买关于心理学的书吗？”

客户回答说：“我随便看看。”刘雪知道客户不愿意跟自己说话，于是，她站在一旁，并没有多说什么。这位先生又在心理学书籍书架旁翻阅了很久，不知道究竟买哪一本好，显得很左右为难的样子。此时，刘雪觉得时机已经成熟，于是，她再次走过去，对那位先生说：“先生，请问您想购买什么样的书呢？”

客户：“我想买一些心理学的书看看，但是我不知道该买哪

一本好。”

刘雪：“是啊，现在的心理学书太多了，不知道您购买心理学书籍是出于爱好，还是其他原因呢？”

客户：“其实，我购买心理学书籍有很多因素，我本来就比较喜欢这类的书，以前读书的时候错过了很多好书，现在想再买点这方面的书看。另外，我现在的工作也需要掌握一些心理学基础知识，但我对心理学知识是一窍不通。”

刘雪：“要是这样的话，我建议您买一些心理学基础知识，先了解一下，这本《一本书轻松读懂心理学》就很不错。等您了解了基础再买别的吧，因为心理学非常难，买的太难了，根本看不懂，还会给自己造成心理阴影。”

最终，客户选了一本《一本书轻松读懂心理学》，高兴地离开了。

我们发现，案例中的图书销售员刘雪是个善于把握客户心理，找出客户真实需求的人。刚开始，在客户刚刚光临的时候，她热情的帮助被客户拒绝后，她并没有继续“纠缠”客户，而是等客户真正需要帮助的时候再“出现”，在得到客户肯定的回答后，她开始一边倾听，一边引导客户继续说，进而逐渐让客户主动说出自己想购买的书籍类型，从而更好地帮助客户作了决定，达到了销售目的。

二、倾听要细心，留意客户的情绪变化

学市场营销的小林大学毕业之后，就在一家建材公司做起了销售。由于专业知识扎实，口才好，小林的销售业绩是直线上升。但是，小林却有一个致命的弱点，那就是不会倾听，因此流失掉了不少客户。

一次，小林去谈一个大型工程，工程的负责人是个40岁左右的男人，他对建材的要求非常高，见了小林之后，直接询问小林所在企业建材的各项指标，小林报了指标后，对方似乎不怎么满意。但由于小林所在企业的钢材各方面指标都很不错，况且各种政策和条件都很好，客户也就不再挑剔了。但当小林报出价格之后，客户突然声音提高了八度。后来，无论小林怎么向客户保证建材的质量，对方总是避而不谈实质性的问题，就连之前谈妥的各项事宜，对方也不再坚持了。

小林很不明白为什么客户前后态度反差这么大，但无论他怎么挽回，客户还是放弃了购买。

从这则案例中，我们发现，在销售员小林报出价格后，客户的情绪就立刻产生了变化，此时他的声音也提高了八度，可是小林却没有听出这一变化，也没有听出客户拒绝购买的真正原因，故而流失掉了客户。

可见，销售员在和客户的交流当中，一定要注意倾听，留意客户言语间细小的变化。洞察客户的心理变化，及时调整策略，最终的合作就可以顺利实现。

三、倾听要耐心，专业态度帮你融化客户的不满

一天，某饮料公司经理办公室突然闯进一位先生，并直接对经理大喊大叫："你们哪里是饮料公司，真是要命公司！只顾着自己赚钱，都掉进钱眼里了！你们眼里还有消费者吗？万一你们的产品把我们消费者喝出个好歹来，看你们怎么收拾！没有一点社会责任感！典型的奸商！"很快，秘书准备叫保安，但被经理拦下了。

这位经理不紧不慢地说道："先生，究竟发生了什么事情，请您告诉我，好吗？”

“你自己看吧，饮料瓶里居然喝出玻璃碎片，这简直是谋杀，我要告你们！”这位先生把一个饮料瓶重重地放在办公桌上。

经理拿起瓶子一看：“怎么会发生这种事？太骇人听闻了，人吃了这东西会要命的，先生，这都是我们的错！”他立刻拉住对方的手，“请你快告诉我，你家人有没有误吞玻璃片，或者被玻璃片割破口腔，咱们现在马上送他们到医院治疗。”

这时，这位先生的火气消了些，说，没有人受伤。

听了这话，经理显得轻松了很多，然后对对方表示感谢，并愿意赔偿这位先生的损失，并表态，以后杜绝这种事情的发生。最终，这位先生的火气全消了，满意地离去。

其实，有时候，客户的抱怨并不是什么大问题，而是希望获得一个满意的答复，这时，就要看我们的态度了，这才是客户最在意的。此时，如果我们能够抱着尊重他们的态度，认真倾听他们的抱怨，并适当表示一些安慰和同情，他们一定会把我们当成朋友，情绪自然也会缓和下来，这样，很多问题就已经解决了。

由此，我们可以发现，如果我们不懂得倾听，只是一味地说服客户购买，那么，很可能与客户的本意南辕北辙；而只有我们善于倾听，善于把握客户的真实心理，才能了解客户真正想要什么，才知道如何和客户达成合作和交易。

1. 听出客户的性格类型，也能帮助我们制定出具体的销售方案。

2. 客户情绪发生变化时，语速、语调一般也会产生变化。

3. 倾听客户说话要集中精力、专注，才能让客户感受到尊重。

你要知道，绝不能让客户唱“独角戏”

曾经有人说，倾听是一种能力、一种素质、一种思维习惯，更是尊重他人、关爱他人的行为，与此同时，它还是我们与客户交往的一种有效手段。在一个好的销售员必须具备的品质中，有一种是最重要的，那就是“倾听”，会倾听的销售员，往往在营销的路上能够走得更远。因为倾听不但是我们销售员掌握客户各种信息及资料的重要途径，更是我们表达尊重的方式，但事实上，倾听并不只是带着一双耳朵听，真正有效的倾听是需要回应的，因此，并不是所有的销售员都谙于倾听之道。

一、表达赞同和认可，令客户满怀感激

作为一名销售员，杰克最近要写一份市场报告，但这篇报告的资料确实很难寻找到。通过打听，他得知，有一家工业公司的董事长拥有他需要的资料。于是，杰克便前去拜访。秘书告诉杰克，这些机密的资料，董事长是不会交给他这个陌生的销售员的。随后，杰克听到秘书对董事长说：“今天没有什么邮票。”打听后，杰克得知，原来董事长在为儿子收集邮票。

杰克走进董事长办公室之后，刚开始并没有提及资料的事儿，而是先从儿子谈起。

“您办公桌上摆的照片是您的儿子吧，我也有个这么大的孩子，很调皮，不过有个很安静的爱好，他喜欢收集邮票。”

听到这话，董事长两眼放光，“是吗？现在的孩子真是不好伺候，除了要给他充足的物质生活，还要时刻关注他的思想动态，稍不留神，他就会闯祸，甚至在学校不听课、打架，尤其是男孩子，越来越不好管教了。”

“是啊，我昨天还被老师叫到学校了。”仔细听完这些后，杰克点头回答道。

“对了，你说你的儿子也喜欢收集邮票，他通常都是自己收集？”

“是的，董事长。”

“那你比我好多了，我每天都要叮嘱秘书为我留意邮票呢！那你有时间能把你儿子的邮票带给我看看吗？”

“当然可以，我还可以送您一些！”

“真的吗？真是谢谢！乔治他一定喜欢，准把它们当无价之宝。”董事长连连感激道。

接下来的时间里，杰克一直和董事长在谈邮票，临走时，秘书稍微提及了一下资料的事，没想到，还没等杰克开口，董事长便把他需要的资料全部告诉了他。不仅如此，董事长还找人来，把一些事实、数据、报告、信件全部提供给了杰克。

我们可以看出，销售员杰克之所以能拿到自己需要的资料，是因为他从董事长最关心的问题开始谈起——他的儿子喜欢收集邮票。当他激发起董事长的谈话欲之后，他转变谈话方式，把谈话主动权交给对方，自己充当倾听者的角色，在倾听的同时，他对对方的谈话内容表达了赞同的意见，从而引发了共鸣。可见，认可和赞同对倾听的重要性。同样，销售过程中，如果我们能在倾听的时候，给予对方肯定性的回答，也一定会收到良好的谈话效果。

二、与客户进行眼神交流，拉近心灵距离

王磊是一家培训公司的经理。在过去5年的销售生涯中，他终于逐渐懂得了如何与客户沟通。

刚从事销售时，有一次，他与同事参加一次会谈，结果客户的回答却是："你们的提案充满了激情，我们完全被你们眼花缭乱的PPT震住了，所以相信你们的团队在执行上同样充满激情。年轻人，好好干，你们很有前途；最后，我们需要根据你们的提案再商量一下，看看是否符合我们今年的市场策略，我们会尽快联络你们的……"原来，会谈时间只有一个小时。而他从打完招呼的那一刻算起，他长达102页的PPT伴随着口若悬河的讲述，占用了至少50分钟。其间客户几度试图说点儿什么，都被他无情地打断。

再后来，他懂得了要倾听，毕竟谈生意不是说单口相声。他收起了爱表现的欲望，但问题又出现了，他把说话的机会给了客户，可客户为什么还不满意？一个朋友开玩笑说："你那死鱼般的眼睛能打动客户？"

他终于找到了问题的症结所在，原来，客户需要的是回应。他得出了沟通的一大经验：既要让别人说，还要专注于别人所说，并用眼神加以回应。也正是这一经验，让王磊在短短的5年时间，成为一名销售经理。

有人说"眼睛是心灵的窗户"，那么为什么要闭着窗户，让客户来猜你的心思呢？不要再抱怨客户为什么不理解你、不相信你。用眼神与客户交流，如果我们两眼空洞无神的话，就会给客户留下心不在焉的印象，客户就会认为你不值得信赖。

当客户谈兴正浓时，切勿东张西望或看表，否则对方会以

为你听得不耐烦，这是一种失礼的表现。如果目光游移不定就会使客户们联想到轻浮或不诚实，就会对我们格外警惕和防范。这显然会拉大彼此间的心理距离，为良好的沟通设置难以跨越的障碍。

三、澄清客户的谈话，表达对客户谈话的重视

在倾听完客户的谈话后，我们要加以反馈，向对方阐明你是如何理解他的意图的。你可以使用这些话语："我刚才听您说……""我理解您主要关心的是……"或者"……我说得对吗？"

的确，"喜欢说，不喜欢听"是人的弱点之一，喜欢被认同是人的弱点之二，如果你在与客户见面时，能够掌握这两个人性的弱点，让客户畅所欲言的同时获得一种认同感，你一定会事半功倍。

销售技巧点睛

1. 倾听时，你要做到身体往前倾，直接面向客户，注意力集中在他的脸、嘴和眼睛上。

2. 不时点头；不时与对方保持目光接触。

3. 不要急于打断，不要急于下结论，等你的客户说完。

引导客户多说，客户的倾诉是销售成功的前提

对于陌生的销售员，我们似乎都有一种本能的戒备心，但对于我们的朋友，我们却倍加信任。而人与人之间为什么会由陌生人到朋友？因为情感的共鸣！人们都喜欢与自己有共同爱好、兴

趣的人交往，而对于那些与自己“志不同道不合”的人，则会退避三舍。因此，在与客户沟通的过程中，你不妨先不谈销售，把老客户当作真心朋友，倾听其内心，多多制造共鸣，你会很轻松，在业务上更会有意外收获。

一、善加引导，激发客户的谈话兴趣

有一天，乔·吉拉德接待了一位客户，这位客户对乔·吉拉德所销售的汽车很满意。因此，乔·吉拉德对这位客户要买车有十足的把握，就差最后的签单了。但此时的乔·吉拉德似乎有点掉以轻心了。

他们一路走向办公室，客户满面春色地说起他儿子来。

“乔，我儿子要当大夫了。”

“那好哇。”乔·吉拉德说。走进办公室时，大厅里几位销售员在说说笑笑。客户还在讲，乔·吉拉德则留心着外边。

“嗨，我儿子棒不棒？”他还说个不停。

“成绩很好，是吗？”乔·吉拉德问，眼睛仍盯着大厅里的那帮人。

“班上前几名呢。”客户答道。

“他中学毕业后想干什么？”

“我刚跟你说过了，乔，他念书要当大夫。”

乔·吉拉德说：“太好了。”他看了客户一眼，忽然意识到刚才一直没注意听。他眼神有点异样的神情。

客户突然说：“啊，乔，我得走了。”说完便离开了。

第二天下午，乔·吉拉德打电话到客户办公室，说：“请您回来买车。”

“噢，大人物先生，”客户接着说，“世界头号销售员先生，我要告诉你，我已经从别人那儿买了车。人家能体会我的心情，听我夸我儿子。乔，你没听我说。告诉你吧，大人物先生，有人跟你讲他喜欢什么不喜欢什么的时候，你应该听他们说，全神贯注地听！”

乔·吉拉德猛然醒悟到自己做错了事，赶忙说：“先生，如果因为这个，您不买我的车，这确实是个很好的理由。不过，我现在想告诉您我是怎么想的。”

“什么想法？”

“我觉得您很不了起。您认为我无能，我很难受，但能不能请您帮我一个忙？”

“帮什么，乔？”

“希望有一天您能再来，让我有机会证明我是个好听众，我愿意为您效劳。当然，如果您再也不来了，我也不会有任何怨言。”

3年后，那位客户又来了，乔·吉拉德卖给他一辆车。他不只自己买，还介绍了好几十位同事来乔·吉拉德这儿。再后来，那个客户又从乔·吉拉德这儿买一辆车，送给他的儿子吉姆大夫。

乔·吉拉德12年内共售出13000多辆小汽车，被誉为“全球销售大王” 而载入了吉尼斯世界纪录。乔·吉拉德成功的原因就在于认真倾听客户的讲述，和客户成为朋友。销售中，要探寻出客户关心的话题，我们可以根据具体的谈话环境，多仔细观察并积极倾听，然后进行分析，继而引入共同话题。例如，销售员可以从客户的事业、家庭以及兴趣爱好等入手谈起，以此活跃沟通气氛、增加客户对你的好感。

二、带着微笑聆听，一张笑脸帮你敲开客户的心扉

乔·吉拉德说，有人拿着100美元的东西，却连10美元都卖不掉，为什么？你看看他的表情。要销售出去自己，面部表情很重要：它可以拒人千里，也可以使陌生人立即成为朋友。

笑可以增加你的面值。乔·吉拉德这样解释他富有感染力并为他带来财富的笑容：皱眉需要9块肌肉，而微笑，不仅用嘴、用眼睛，还要用手臂、用整个身体。

“当你笑时，整个世界都在笑。一脸苦相没有人愿意理睬你。”他说，从今天起，直到你生命最后一刻，用心笑吧。

“世界上有七十多亿人口，如果我们都找到两大武器：倾听和微笑，人与人就会更加接近。”

从乔·吉拉德的叙述中，我们发现，他是个喜欢微笑的人，是微笑让对方对其产生好感并信任他，从而愿意与之继续交往。

笑容始终是销售员最打动客户的地方，而客户也总是对那些面带微笑、热情的销售员青睐有加。所以说，作为销售员，我们要时常把热情变成一种习惯，学会微笑，用真诚的微笑去感染他人。

三、倾听客户的烦恼，成为客户的知己

这天，化妆品销售员小林来到某准客户家，开门的是位年轻的太太，很明显，这位太太很不高兴，脸上还挂着没擦干的泪水，小林赶紧说：“太太，您怎么了，遇到什么伤心的事情了吗？”

客户：“没有，你是哪位？我不认识你！”

小林：“我是一名化妆品销售员，在敲开您的门之前，我是准备向您销售产品的，可是当我看到您一脸的愁容，我觉得我有其他的使命了。”

客户：“真是很感激你，其实，我没什么事。”

小林："家家有本难念的经，我能理解，尤其是咱们女人，要操持好一个家，努力经营好一段婚姻，真不是一件容易的事。"

客户："你说得太对了。我的丈夫就是一个永远不知足的男人，我这么努力，家里家外，他却一回来就跟我吵架，甚至连我做的饭都不吃，我都不知道该怎么办了，难道他喜欢上了别的女人？"

小林："太太，我觉得您需要勇敢一点，要和您的丈夫谈谈，这样问题才能解决，不然即使您伤心，他也不知道啊。"

客户："你说得有道理。我是该找个机会和他好好谈谈了。对了，你刚说你销售化妆品，都是什么样的产品？"

……

当面对关系不亲、甚至完全陌生的销售员，这位太太即使"心有千千结"，也不愿向小林倾吐，而当小林以坦诚的态度道明自己的原本来意和对自己的关心后，她对小林的防备心就稍微松弛了一点点，而当后来小林谈到一个女人的难处时，更让她感同身受，于是，她的心就彻底向小林敞开了，也就把小林当成了情感倾诉的对象，主动问及产品更是水到渠成的事。

可见，与陌生客户交谈，如果我们能善加引导，打开客户的心扉，让其对我们一吐为快，那么，不仅有利于了解其内心真实想法，还有利于拉近与客户在心理上的距离，让他更容易接受你的劝说，从而获得销售上的成功。

1. 对话中偶尔插入一些话或者进行简短的提问，能激发对方的谈话兴趣。

2. 不仅要听，还要会听，如果你并没有领会对方话里的含义，可以询问一下，以免造成误解。

3. 如果客户说出的是我们不同意的观点、意见，我们不要急于反驳或者作出判断，对不同想法和不正确的观点，要待对方说完以后再做进一步的交流。

放低姿态，高情商销售员懂得满足客户好为人师的心理

“好为人师”是人性的一个弱点。孔子说：“人之患，在好为人师表。”每个人都希望能得到他人的尊重和敬仰，这一点，不分年龄、性别以及职业等。法国大作家罗曼·罗兰说：“自尊心是人类心灵的伟大杠杆。”只要你能满足对方的自尊心，你就掌握了对方。销售员利用人类的这一弱点，尊对方为老师，抬高客户，甚至可以虚心向对方求教，这样对方就会心情舒畅，心中充满温暖和同情，对你抱有好感，从而不自觉地接受你的销售。

一、赞美式开场，赢得客户的好感和认同

原一平有一次去拜访一家商店的老板。

“先生，您好！”

“你是谁啊？”

“我是明治保险公司的原一平，今天我刚到贵地，有几件事情想请教一下您这位远近闻名的老板。”

“什么？远近闻名的老板？”

“是啊，根据我调查的结果，大家都说这个问题最好请教您。”

“哦！大家都这样说啊？真是不敢当，你说吧，到底是什么问题呢？”

“实不相瞒，是这样的……”

“站着谈不方便，请进来吧！”

……

每个人都渴望被别人赞美，获得认同，客户也是。这里，销售大师原一平之所以能成功销售，就在于他在开场时用请教的口吻赞美了对方：用第三者“大家”的口吻去称赞商店老板“远近闻名”，给老板充分的肯定，赢得了老板的好感和认同，接下来的沟通就容易多了。

与客户交谈，把其放到较高的位置上，并虚心地请教其问题，能满足其某种成就的虚荣心和好为人师的心理，可见，有时，对客户的请教也是一种委婉的赞美方式。真诚地去请教客户，往往是打开销售之门的一把钥匙。例如，你可以这样说：

“陈总，我早就听说过您白手起家的故事，我真的很想请教一下您，当时您是怎么做出创业的决定的呢？”

“听说您是通信方面的专家，想请教一下您……”

“专家就是专家，您提的问题都与一般人不一样，都提到点子上了……”

“张先生，您在营销方面这么有研究，有机会一定当面向您请教……”

“李总，您公司目前在物流服务领域做得这么成功，当初您是怎么想起来开展这项业务的呢？”

二、虚心倾听，满足客户的好胜心

有名电脑销售员叫刘平。一次，他向某大公司销售电脑。工作努力的他，加上平时跑得勤、功夫深，成交的希望非常大。但他没料到的是，“半路杀出个程咬金”，在关键时刻，该公司总经理把这件购买事宜交给了一个技术顾问——电脑专家陈教授。经过考察，陈教授私下表示，两种品牌，各有优缺点，但在语气上，似乎对竞争的那一家颇为欣赏，刘平一看急了，煮熟的鸭子居然又飞了？于是，他准备进行最后的努力。他找了个机会，口沫横飞地辩解他所代理的产品是如何优秀，设计上如何特殊，希望借此改变陈教授的想法，谁知道，还没等他说完，陈教授不耐烦地冒出了一句话：“究竟是你比我行，还是我比你懂？”这话如五雷轰顶一样打醒了刘平。不过似乎已经晚了。

当刘平垂头丧气地回到公司，向同事诉说这件事后，一位同事告诉他：“为什么不干脆用以退为进的策略销售呢？”并向他说明了“向师父销售”的技巧。“向师父销售”，一定要切记绝对肯定他是你的师父，抱着谦虚、尊敬、求教的心情去见他，一切的销售必须无形，伺机而动，不可勉强，不可露出痕迹，方有效果。

于是，刘平重整旗鼓，再次拜访陈教授。见了面，他一改自己的说话习惯，对陈教授说：“陈教授，今天，我来拜访您，绝不是来向您销售。过去我读过您的大作。上次跟老师谈过后，回家想想，觉得老师分析很有道理。老师指出在设计上我们所代理的电脑，确实有些特征比不上别人。陈教授，您在××公司担任顾问，这笔生意，我们遵照老师的指示，不做了！不过，陈教授，我希望从这笔生意上学点经验……”刘平说话时一脸的诚恳。

陈教授听了后，心里又是同情又是舒畅，于是带着慈祥的口吻说道：“年轻人，振作点。其实，你们的电脑也不错，有些设计就很有特点。唉，我看连你们自己都搞不清楚，譬如说……”陈教授谆谆教导，刘平洗耳恭听。这次谈话没过多久，生意成交了。

这则案例中，刘平刚开始向他的准客户热情地销售，但却失败了，这是因为他忽略了对方的自尊心，大谈自己产品的优势。他犯的错误就是，试图显得比客户更高明，这样当然不会赢得客户的好感；同样，他能挽回败局，将一笔快泡汤的生意又做成，其原因是利用了人性的弱点，通过求教，满足了对方的自尊心，赢得了对方的好感从而成功了。可见，抬高客户是赢得客户好感的一个重要方法。

三、放低姿态、适当使用讨教的语气求教

我们可以放低姿态，以讨教的语气进行交流，如你可以问对方：“请问，您刚才说的电脑的配置，指的是哪些方面呢？”倾听时如此反馈，一来可以体现出你在认真倾听，二来可以满足对方好为人师的心理，以此来促成销售。

虚心请教是让别人产生优越感也是体现自己谦逊态度的重要方式。所以你可以问对方：“关于我的看法，你有什么意见？”

用这样的方式引发对方的思考，给他创造说话的机会。而且，你也可能会因为让他有了说话的机会，而引发他对你的好感。

美国一位著名的哲学家说："驱使人们行动的最重要的动机是做个重要人物的欲望。"可见，说话谦逊，抬高客户，才会让对方听起来更悦耳舒服。这也是我们在开发客户过程中必须要具备的一项说话技能！

1. 尽量让对方有说话机会，即使是一对一的个别谈话也应如此。

2. 你要耐心地听着，抱着一种开阔的心胸，诚恳地鼓励他充分地说出自己的看法。

3. 要把真实的性格展现给对方，对方会佩服你的坦诚相见。

留心观察，适时将话题拉回销售上来

倾听在销售中的作用早已毋庸置疑，那些顶尖的销售员，通过经验总结出了一条规律：如果你想成为优秀的销售员，就要将听和说的比例调整为2∶1。也就是说，70%的时间让客户说，你倾听；自己用30%的时间来发问、赞美和鼓励他说，只有这样，销售员才能打开销售之门，成为顶尖的销售员。但从另一个方面看，倾听的最终目的是为了服务于销售。这就要求我们在倾听客户说话的过程中多留心，不要为了倾听而倾听，而要及时把话题转到销售工作上。

一、倾听不傻听，听出对方的弦外之音

利特尔公司是世界最著名的科技咨询公司之一。然而其前身只不过是其创始人利特尔建立的一个小小的化学实验室，并不为人知晓，但后来一件事却让这个小小的实验室名声大振。事情原来是这样的：

1921年的一天，许多企业家在一次集会上，谈论科学和生产的关系。一位大亨高谈阔论，否定科学对企业生产的重要作用。这位大亨挑战性地对利特尔说："我的钱太多了，所有的钱袋已经不够用了，想找猪耳朵做的丝线袋来装钱。或许你的科学能帮我这个忙，如果能做成这样的钱袋，大家都会把你当科学家的。"说完，他哈哈大笑起来。

聪明的利特尔怎么听不出大亨的弦外之音呢？

他感到非常气愤，恨不得给这种无聊的人几个耳光，可是他忍受了，表面上非常谦虚地说："谢谢您的指点。"

此后不久，市场上的猪耳朵被利特尔公司暗中收购一空。购回的猪耳朵被利特尔公司的化学家分解成胶质和纤维组织，然后又把这些物质制成可纺织纤维，再纺成丝线，并染上各种不同的漂亮的颜色，最后编织成五光十色的丝线袋。这就是猪耳朵丝线袋，这种钱袋投放市场后，顿时被一抢而空。

"用猪耳朵制丝线袋"，这看来荒诞不经的恶毒挑战被粉碎了。那些不相信科学是企业的翅膀同时也看不起利特尔的人，不得不对利特尔刮目相看。

利特尔公司从此名声大振。

利特尔听出了大亨的弦外之音，不露声色，暗地里却做好准备，收购猪耳朵，并通过科学的方法将猪耳朵制成丝线袋，不仅

为自己带来了经济利益，还粉碎了大亨的恶毒挑战，一举成名。这个故事同样给从事销售的人们一个启示：倾听不能“傻听”，要听出关键点，才能有助于销售，否则就会本末倒置。

二、以退为进，不妨从客户关心的话题入手

小马是一名汽车销售员，在一次汽车展会上，他结识了一位客户。通过对这位客户的言行举止的观察，小马分析这位客户对越野型汽车十分感兴趣，而且其品位极高。后来，小马几次试图约客户出来坐坐，就一些关于越野车的问题谈谈，但是客户总是以各种理由推脱，总是说自己工作很忙，周末则要和朋友一起到郊外的射击场射击。

小马终于发现，原来客户还喜欢射击，经过打听，果然如此，这位客户曾经是一名射击冠军。于是，小马上网查找了大量有关射击的资料，一个星期之后，小马不仅对周边地区所有著名的射击场了解得十分深入，而且还掌握了一些射击的基本功。再一次打电话时，小马对销售汽车的事情只字不提，只是告诉客户自己“无意中发现了一家设施特别齐全、环境十分优美的射击场”。下一个周末，小马很顺利地在那家射击场见到了客户。小马对射击知识的了解让那位客户迅速对其刮目相看，他大叹自己“找到了知音”。

在返回市里的路上，客户主动表示自己喜欢驾驶装饰豪华的越野型汽车，并对一些造型别致、性能好的越野车都进行了一番阐述，小马认真地倾听着。等到客户提到“说实话，现在市场上的汽车在档次与品位上做得实在……”时，小马立即接过话茬儿：“我们公司正好刚刚上市一款新型豪华型越野汽车，这是目前市场上最有个性和最能体现品位的汽车……”

案例中，我们可以看出，销售员小马是精明的，当他发现直接从客户爱好的越野汽车入手并未见到成效时，就转换了一个角度——射击，当他与客户产生共鸣后，客户对他的戒备心也就消除了，此时，当客户谈及自己最喜欢的越野汽车并阐述自己的观点时，小马能巧妙地接过客户的话茬儿，把话题转到销售问题上，一场有着良好开端的销售沟通就这样形成了。

现实销售中，一些销售员完全站在自己的立场上考虑问题，希望一股脑儿地把有关自己所销售产品的信息迅速灌输到客户的头脑当中，却根本不考虑客户是否对这些信息感兴趣。这些销售员，几乎从刚一张嘴就为自己的失败埋下了种子。要知道，实现与客户互动的关键是要找到彼此间的共同话题，这就要求销售员首先要从关心客户的需求入手。

三、把握销售进程、及时将话题转到销售上

“大爷，听说最近又有冷空气要来，今年冬天的天气真是没有往年好呀。您岁数大了，尤其要注意保暖，省得头疼感冒不说，还可以减少关节炎的疼痛。您看一下这件适合老年人穿的加厚羽绒服，它既暖和又舒适，而且非常耐穿……”

在确定了客户的需求之后，销售员虽然可以针对这些需求与客户进行交流，但是这往往达不到销售沟通的目的，此时就需要销售员巧妙地将话题从客户需求转到销售沟通的核心问题上。

另外，我们在将话题转换到销售上时，要多使用积极的语言，这样在转换话题的时候，会更自然、巧妙，能更好地引导客户从有利的一面看待产品，促进产品销售。

总之，倾听是有效沟通的重要基础。而且，善于倾听的人总是注意分析哪些内容是主要的，哪些是次要的，以便抓住事实背后的主要意思。我们倾听客户说话，也要抓住有利于销售的关键点，不要被个别枝节所吸引。

1. 时刻不忘自己的最终目的是卖出产品，满足客户的需求。

2. 听出客户字里行间的意思，甚至要配合提问来引导。

3. 积极询问，通过询问可以更好地控制谈话的进程，更大程度地调动客户的兴趣和积极性。

第 5 章

提问技巧，
客户的真心没有那么难搞懂

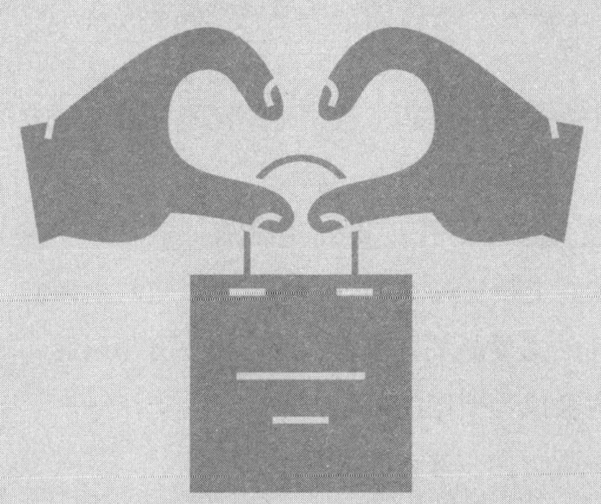

向客户提问，能让你得到想要的答案

在销售中，是否能在一开始就引起客户的兴趣，在于销售员是否懂得运用语言的艺术。聪明的销售员会懂得巧妙地提出问题，从而在开始就了解到客户的真实想法，才能引导客户的思维跟着自己的导向走，因为说服的艺术并不是上演一场场独角戏，而是需要你来我往的相互交流，提出相应的问题，可以引导你的谈话对象去仔细地思考，然后说出他的意见与看法。

小童是一名电脑销售员，一次，在向某公司的领导销售电脑时，他很好地充当了顾问的角色。

“上次，您谈到电脑的性能可以满足 3 至 5 年的需求。这怎么理解呢？”

“使用寿命短，更新太快，是笔记本电脑的最大缺陷，我们希望笔记本电脑能够用得久一点。”

“确实是这样。我记得几年以前，电脑的主频只有200多MH_z，现在的主频已经到了3.0GH_z，是以前的十多倍。您觉得电脑使用时间的主要瓶颈在哪里？或者说三五年以后，笔记本电脑的哪些配置会成为使用的障碍？”

“我想听听你在这方面的看法。”

“您看看我这几年用电脑的情况您就知道了。我也是前几年买的电脑，但现在的问题是，配置不够高，造成了这几年总是要升级硬盘。事实上，考虑到内存的升级最容易而且价格下降较多，内存现在只要够用就行了，以后可以很方便地升级。为了能够使您的电脑用得时间长一些，因此呢，我觉得您应该在CPU的主频和硬盘方面的配置高一些，显示屏应该使用19英寸的，这样在几年之内都会是顶级配置。”

“你建议的配置呢？”

“您也知道，现在的科技技术发展太快了，以前的奔四马上就要停产了，现在生产的电脑CPU有酷睿双核、弈龙和一些四核高端产品。而且Intel的CPU最近会降阶，我建议您采用E5300的CPU。您使用的数据量很大，考虑到以后升级硬盘时要淘汰现有的硬盘，所以我建议您这次的硬盘配到1T。内存就使用2G就可以了，屏幕选择19英寸的屏幕。”

“有道理，我就按照你的建议买吧。”

小童通过对客户的巧妙提问，摸透了客户的需要，这有利于正确地向客户介绍产品和销售产品，使后面的销售工作容易得多，可见提问的重要性。销售员在与客户沟通的过程中，多提一些积极的问题，可以增加客户对产品的信心，从而加强客户购买的愿望并最终决定购买。销售中，提问包括以下七种方式：

一、主动性提问

主动式提问是指在介绍完产品后，销售员对客户的感受直接提出的疑问，目的是希望得到客户的反馈意见。一般来说，只要销售员注意自己的说话方式，客户都会直接、正面回答这些提问。例如，销售员可以直接问客户：“这件衣服是今年的最新款，不知道您喜欢不喜欢这种颜色呢？”如果客户说他不太喜欢，那么“症结”就已经找到了。

二、建议式提问

销售员应该提醒客户，在购买产品后会得到某些利益和好处，并提出一些良好的建议，客户在经过思考后，如果能对你的意见产生认同感，一般都会购买产品。

例如，婴幼儿产品销售员可以这样销售："请问您的宝宝多大呢？如果是一岁以下的婴儿，我建议您……如果是……"短短的一个问题，会让客户感觉到你的贴心，又会让客户感觉到你的专业，进而赢得客户的信任和认同，从而给客户留下了良好而又深刻的印象。

三、重复性提问

也就是重复客户的疑问，从而肯定客户的观点，容易让客户产生认同感。

例如，当客户对你的产品服务产生不满时，你可以问："您是说您对我们所提供的服务不太满意？"

那么，这一提问方式有什么好处呢？第一，能起到对客户言论的确定作用，避免理解错误；第二，起到缓冲问题的作用，销售员可以借此机会想出解决的对策；第三，这类问题还可以用来减少客户的气愤、厌烦等情绪化行为。

四、选择式提问

这种提问方式，需要销售员对可能产生异议的几种问题进行分类，不能遗漏任何可能性的问题，这才能让客户自己从中选择一个或几个。

例如，销售员可以问客户："您好，我们的产品有哪些问题让您觉得不太符合您的需要呢？是样式、体积、重量还是口味……"

五、指向性提问

例如，“您一般都买哪个品牌的化妆品？”或“您每年花在旅游上的经费大概是多少呢？”等。

指向性提问由于针对性强，所以在可以快速获取所需资料的同时也会有许多不足之处，如只能询问处客户愿意公开的问题，也就是不能深入提问，但好处是，一般客户都乐意回答。

六、细节性提问

这类提问的作用是，可以使得客户进一步表明自己的观点或者不满，方便销售员了解购买中产生异议的原因，比当客户只说出对产品不满时候，你可以问：“请告诉我您对产品哪里不满意，好吗？”

七、结论性提问

这种提问是根据客户的观点或存在的问题，推导出相应的结论或指出问题的后果，诱发出客户对产品的需求。这类提问通常使用在评价性问题和损害性问题之后。

但销售员需要注意的是，不论采用哪种提问方式，在提问过程中都需要对客户要表现出关心，且语气不可太生硬。

1. 尽量提出启发性的问题，让对方有说话机会。
2. 问题必须切中实质，不要无的放矢。
3. 提问时必须保持礼貌和谨慎，对方会佩服于你的条理和诚意。

巧妙反问，帮您把握销售局势

可能很多销售员都发现，很多情况下，我们明明发现客户对产品感兴趣，但却迟迟不购买，这是因为他们把这种购买意愿储存在大脑中，而没有激发出来，要激发这种购买欲望，就需要销售员采取提问的方式。当然，提问的方式有很多种，其中就包括反问，通过一步步地反问，我们能激发客户的需求和紧迫感，进而促成成交。

一、疑问型反问

这是最简单的一种反问方式，指的是销售员可以直接对客户提出自己想要知道的问题，但这种反问方式一般只适用于一些客户愿意公开的问题，除非你与客户有不同一般的关系。但这种反问方式的好处是，客户一般都乐于回答。

例如，销售员可以问："看您的穿着，您应该最喜欢红色的包包吧，既然这样，为什么不试背一下呢？"使用疑问型的反问句，销售员就可以在短时间内明确谈话的重点，引导客户进行有效沟通。

二、层层递进型反问

大学毕业以后，小刘就来到一家电子产品公司，几年工作下来，他也累积了不少工作经验。

这天，小刘和平常一样，来到一家科贸公司，准备推销自己的产品。但在沟通的过程中，科贸公司的经理提出了不同看法：

客户："到现在为止，所有厂商的报价都太高了。"

小刘："所有的报价都太高了？真的是这样吗？"

客户："是的。"

小刘："不过，我想您应该不会反对我与您进一步展开合作吧？"

客户："反对倒还不至于。"

小刘："那么如果我们有机会再次合作，难道您不觉得我们可以帮助您建立更广泛的客户群吗？"

客户："恩，很有可能。"

小刘："您想我们平时买质量优质的手机和传真机，都是为了拥有更好的通话和沟通质量，对吗？如果我们的产品通过与您的合作被更多人所使用，那么那些受益者第一个想到的就是贵公司的名字对吗？"

客户："恩，那倒是这么回事。"

小刘："所以您不反对我们通过和你的合作来帮助更多人建立起一套更实用的电话系统，是吗？"

客户："是。"

当然，这单生意就这么轻松地做成了。

很明显，案例中，销售员小刘在遇到沟通问题时解决的方法是反问法，他通过一步步地反问，然后将主题引导到销售上来。这样做的好处是有利于掌握谈话主动权，控制整个销售进程，进而可以让整个销售工作带引到自己所希望的情况上来，避免让客户一直处在主动的位置，而销售员则始终被客户牵着走，没有任何可以控制客户的空间。可见，反问就是这样一种可以将被动转换为主动的提问方式。

这种反问方式在销售过程中比较普遍，它的目的是通过步步深入的反问，让客户认识到问题的严重性或者加深对产品的认识等，从而激发客户的情绪，唤起客户的购买欲望。例如，在销售员向客户销售空调系统的过程中，可以向客户反问：炎热的夏天，全家人在空调下享受清凉的时候，此时，您一定不愿意看到空调突然坏掉，如果您的空调突然出现故障您会是什么心情？您的家人会不会抱怨您没有买一台质量很好的空调呢？销售员通过这样逐级增加问话的深度，往往能吸引客户注意力，从让沟通气氛愈加活跃起来。

三、机智、幽默型反问

这种反问的方式一般出现在客户产生异议，销售员直接反驳客户导致的尴尬场景下，目的在于消除尴尬，起到圆场的作用。方法是尽量别直接攻击客户提出的异议、疑问等，从侧面和不同的角度表达态度和观点，机智巧妙地回应对方。有这样一则笑话，就曾使用幽默型的反问，让人在感到快乐的同时又有所领悟：

妈妈："你选哪一个苹果？"

儿子："我要那个大的。"

妈妈："你应该懂礼貌啊，要小的才对。"

儿子："难道懂礼貌就是要撒谎吗，妈妈？"

四、讽刺性反问

讽刺性的反问所使用的销售场景一般是：销售员受到了客户不公正和不平等的指责等，为了不伤及客户的感情，销售员可以使用这种反问方式。

客户："昨天晚上怎么没有送货过来？"

销售员："我在公司值班呢。"

客户："那怎么不派人送来？"

销售员："别人也都要值班呢。"

我们暂且先将销售员的这种做法正确与否搁置，但其反问的方式值得借鉴，他既表达出了反问者的想法，有保全了气氛的和谐。但销售员要记住，在销售过程中，运用这种反问方式一定要注意把握分寸，不要伤害客户感情，更不能激怒客户，造成一发不可收拾的后果。

总之，在销售过程中，如果销售员能恰当反问，便可以顺利把客户带进自己的谈话模式中，变被动为主动；而如果销售员不懂得如何提出反问问题的话，将无法获得客户信息。

销售技巧点睛

1. 适当地运用反问法，把问题踢回给客户。

2. 用理解加反问的方式来回应客户的拒绝。

3. 搞清了客户拒绝的原因，以诚恳的态度对自己的错误做一番补救。

先谈谈客户感兴趣的问题，再巧妙提问

经验丰富的销售员都知道，在与客户进行沟通的过程中，你问的问题越多，获得的有效信息就会越充分，最终销售成功的可能性就越大。弗朗西斯·培根也曾经说过：“谨慎的提问等于获得了一半的智慧。”提问的好处多多，但很多销售员却苦苦思索，该如何提问才有效？实际上，我们都有这样的经验，人们对于自己感兴趣的问题才会乐于回答，那么，我们何不以此为突破

口、进行巧妙地询问呢？

一、设置悬念，让客户产生探索的欲望

一个中国留学生在澳大利亚经历了这样的事情。

“您是中国人？”金发小姐问他。

“嗯。”他下意识地回答了一声。

“我能问您几个问题吗？”

“我不懂英语。”他打着手势装着不懂。

“只四个问题。”金发小姐一笑，继续问：“您是学生还是工作了？您最想做的事是什么？将来想从事什么工作？对未来有何打算？”

顿时，他的顾虑打消了，心想在这陌生世界中，竟还有人关心起他这个不起眼的人的生活和工作，甚至未来，于是他答道：“我现在是边学习边打工，每天感到生活压力很大、又很累。我最想做的事就是交到更多的朋友，将来能从事自己喜欢的工作，未来我希望获得成功。”

“您希望成功，目前却遇到压力，朋友和工作这些问题，那么通过怎样一个中间媒介去实现呢？我将告诉您。”然后指着问号说道，“但愿我能帮你解决这个问号。”

他十分惊讶，于是带着好奇，跟着金发小姐来到了她的办公室，她告诉他，她的工作是帮助那些有困难的人，根据他们的具体情况，指导他们购买他们所需要的书，特别是在这儿购书可比外面书店便宜 10%。在金发小姐的热情介绍下，这位留学生不得不买了她推荐的一本书。

在这个案例中，金发小姐成功地销售出自己的书，就是利用制造悬念的方式，她先用一连串的问题表达对客户的关心，而这些问题，丝毫没有涉及销售。因此，在留学生消除了心理障碍后，她继续用“但愿我能帮你解决这个问号”的方式来让留学生产生一种继续想知道的愿望，随后，金发小姐成功销售出书也就成了一个事实。

二、疑难解答，从客户最头疼的问题入手

乔治有一家自己的公司，他的公司专为其他公司提供销售员和管理人员，在一个星期五的下午，他和老同学有一个约会，那天天气很热，当他到达约会地点的时候，发现自己早到了20分钟。为了不让这20分钟的时间白白浪费掉，他决定找个客户进行销售。

乔治找到了一家规模比较大的汽车销售店，并走了进去。

“你们老板在吗？”他问销售员。

“不在。”

乔治并不退缩，又问道：“如果在的话，他会在什么地方呢？”

“在大街对面。”

乔治走到街对面，在接待室他问：“你们老板在吗？”

“嗯，他在，在他办公室里。”接待小姐说。

当时那位老板正在和销售经理商量事情，乔治走进他的办公室，问道：“作为贵公司的老板，我想您大概总是在想办法增加销售额吧？”

“年轻人，你没看见我正在忙吗？今天是星期五，又是吃午餐的时候，你为什么在这样的时间拜访我？”

乔治满怀信心地盯着对方说：“您真的想知道吗？”

“当然，我想知道。”

“好吧，我是刚从雷丁乘车过来的，我有个约会是下午2点，有20分钟的空闲时间，因此，我想利用这短暂的时间来访问。” 稍作停顿，乔治又压低声音问：“贵公司大概没有把这种做法教给销售员吧？”

那位老板听到乔治的问话后，绷着脸看了销售经理一眼，过了一会儿，老板微笑着对乔治说：“多亏你，年轻人，请坐吧。”

这则案例中，乔治之所以能在20分钟内得到客户的认可，正是因为他抓住了一个商人的心理特点，从对方关心的问题——销售额上入手，并以此设置悬念，引导客户回答出：“当然，我想知道。”从而赢得了客户的好感。

同样，销售员采用这种方法，可以让客户放下心中的怀疑，与你心平气和地交谈，这样对彼此业务成功可以起到推动作用。

三、有所避忌，有些问题不可问

在和客户谈话的时候，有以下六点是需要特别注意的：

（1）不要问及对方的花费，如别人衣饰的价钱或送礼的价值以及请客所花的费用，这会让人觉得你触及他的经济能力或者怀疑他送礼的心意。

（2）不可以问女子的年龄（除非她是6岁或60岁左右的时候）。

（3）不可问别人的收入。

（4）不可详问别人的家世。

（5）不可问别人赚钱的方法。

（6）不可问别人工作上的机密。

“已所不欲，勿施于人”，凡是你不想让人知道的事你也应该避免询问对方，谈话的目的在引起对方的兴趣，而不是使任何一方没趣，能令对方滔滔不绝，是你说话的本领，也是你增加见闻的方式。

当然，在与客户沟通时，从客户感兴趣的话题提问也是有一定技巧的，如果用得不恰当，也是会起到反作用的。很明显，向客户提问，令对方感兴趣的话题可以说俯拾皆是，关键在于要能够依照特定的情境去发掘，并且恰到好处地运用！

1. 从大家都关注的一些话题入手，如天气、体育、新闻等。

2. 向陌生人提问，可以通过借助其他媒介的方式，如对方手头的报纸。

3. 可以谈及对方在行的话题，如他的职业、爱好等。

委婉探寻，巧妙问出客户的购买力

销售员都知道，客户是否有购买能力是判断其是否能成为我们准客户的一个方面。客户有购买需求、有购买权，但是没有购买能力，我们依然无法成功地销售出产品，对于分期付款的客户，也可能会造成销售后的呆账或死账。因此，在销售前，我们就应谨慎行事，在大型的购买活动中，要提前了解客户的经济水平和购买力，在确认你的潜在客户有这方面的预算后，还要对其一贯的信誉进行一番考察。我们考察客户的购买实力的一个重要的方法就是提问，但在提问时，一定要注意方式，最好以温婉探问的方式，尽量在悄声无息中了解，否则，很容易引起客户的反感，丢失生意。

一、看客户的穿衣打扮，委婉提问

一般情况下，人们的收入状况和经济水平，一定程度上是可以从其穿着打扮上看出来的。穿戴服饰质地优良、式样别致的客户，应该有较高的购买能力。而服饰面料普通、式样过时的客户大多是购买力水平较低的人。

为此，销售员通过观察客户的服饰打扮，大体上可以知道客户的职业、身份及购买力水平。例如，你在向客户销售一件衣服的时候，你可以先这样说："您今天的首饰真好看，好像是今年××杂志上的主打产品，是吗？"根据客户的回答，你大致就可以看出客户的购买情况了。

当然，这种提问方式并不是要我们以貌取人，而是帮助我们更清楚地了解客户的购买能力。不得不说，很多时候，一些穿着并不是十分耀眼的客户却常常能实现成交。

一天上午，某汽车4S店来了一位打扮不入时的先生。店内的销售员对这位先生上下打量了一番后，都没有主动上前为其服务。而销售员陈莹则不同，她走过去主动和客户打了招呼："先生您好，我是这家4S店的销售员陈莹，很高兴为您服务。"为了不打扰客户看车，做完自我介绍后的她就在一旁观看，并未出声。

就这样，这位先生一个人在店内转悠，一会儿说这辆车车价太高，一会儿又说那辆款式不漂亮。看到一旁的陈莹，他说："我今天只是随便看看，没有带现金。"

“先生，没有问题的。我和您一样，有很多次也忘了带。谁也不会身上随时带着很多现金，您尽量看，有什么问题可以尽量问我。”

“好的，谢谢你。”然后，稍微停顿一会儿，陈莹观察到客户有种脱离困境、如释重负的感觉。陈莹想：他是真的没带钱，还是没有购买能力呢？于是，针对这个问题，陈莹决定大胆地试探一下客户。

“先生，您有中意的车吗？”

“那辆奥迪不错。”

“是的，您的眼光不错，这辆车最近卖得很好。”

“是吗？可是，能分期付款吗？”这下子，陈莹明白了，原来客户是担心价格和付款方式问题。于是陈莹说：“当然可以，你现在就可以与我们签约。事实上，您不需要带一分钱，因为您的承诺比世界上所有的钱更能说明问题。”

接着，陈莹又说：“就在这儿签名，行吗？”等他签完后，陈莹再次强调说：“您给我的第一印象很好，我知道，您不会让我失望的。”

结果确实没令她失望，第二天，这位客户就带了首付提走了那辆车。

这则销售案例中，销售员陈莹之所以能轻松销售出去那辆车，是因为她和其他销售员不同，面对打扮不入时的客户，她还是愿意一试。并且，最可贵的是，她敢于主动试探客户，从而让客户自己道出了购买的顾虑——希望分期付款。

的确，客户的购买能力是决定客户是否能完成购买的关键因素之一，客户没有经济实力，即使他们的需求再强烈，也不会购买。对于这类客户，如果我们“纠缠不休”，不仅浪费时间，还会招致客户的厌恶。但有些销售员在遇到一些徘徊于类似于汽车店内的客户时，总是会以貌取人，妄下断言：光看不买，一定是买不起。这也是不正确的。因为也有一些客户更相信自己的眼光，需要多项选择。

可见，即使遇到了一些穿着不入时的客户，我们也应和案例中的这位汽车销售员一样，主动出击，巧妙地探问。

二、询问客户的职业，判断其购买能力

这天，家具店里来了一位年轻女孩，销售员晴晴赶紧迎上去。一番寒暄之后，晴晴了解到女孩是布置结婚新房，于是，接下来，晴晴就试探地问：“张小姐，请问您在哪里高就？”

“哪儿算什么高就，我去年就辞职没干了，专心装修新房，幸亏老公的公司运营得不错，不然我也得上班。”

听到客户这么说，晴晴就大胆地为客户介绍了一些高档的家具，当然，最后这几单生意都成交了。

案例中的晴晴是个精明的销售员，她间接地问出了客户的职业——全职太太，这里，虽然客户张小姐自己没有工作，但是却有其丈夫这一经济后盾，因此，对方是有一定的经济能力购买高档家具的。

一般来说，人们的职业与收入状况和身份地位是吻合的，为此，你可以借机问客户：“能多问一句，您在哪里高就？”当然，案例中的张小姐是个例外。

三、针对客户的支付计划进行提问

一位保险销售员去拜访客户，见到客户，他说：“保险金您是喜欢按月缴，还是喜欢按季缴？”

“按季缴好了。”

“那么受益者怎么填？除了您本人外，是填你妻子还是儿子呢？”

“妻子。”

“那么您的保险金额是20万元呢，还是10万元呢？”

“10万元。”

我们可从客户期望一次付现，还是要求分期付款，或者从客户支付首期金额的多寡等，判断出客户的购买能力。

总之，销售员在对客户进行说服时，先要弄清客户的经济水平，才能分析客户为满足自身需要能够接受的价格水平。但一定要注意提问方式必须委婉、有礼貌，太过直接、明了会引起客户的负面情绪！

1. 销售员不要以貌取人，也不能戴着有色眼镜看人，否则会让客户反感。

2. 无论是衣着和职业，都不能断定一个人的购买能力，只是我们考察其经济水平的一个方面。

3. 直截了当地询问客户的购买能力时，一定要注意自己的提问语气。

提积极的问题，让销售走向也积极起来

销售中，我们都知道，提问的好处多多，可以帮助我们挖掘

出客户内心的真实需求。但事实上，提问也并非一件易事，因为我们的提问只有在发挥积极作用的前提下，客户才愿意回答。而这就要求我们多提积极的问题。因为通常来说，人们只有在积极的情绪下，才会逐渐消除对陌生的销售员的戒心，并乐于回答他们的问题。

一、以轻松的问题发问

以轻松的话题开头，最好不要涉及销售问题，这样可以打消客户的戒心和顾虑，使对方乐于与你交谈。当对方显露出需求，你再主动出击，将问题转变得较明确，如下面的例子：

“您好。是周经理吧，我是××公司的小王，您最近很忙吧？”

“是呀。”

“周总，端午节就快到了，不准备庆祝一下吗？”

“当然了，我们正在安排呢。”

“那我先预祝您节日快乐。”

“谢谢，您有什么事啊？”

“我们给您发过一份传真，说明了一下我们公司的业务内容，不知道您收到了没有。”

当然，以这种问法开头，要求销售员掌握在交谈中的主动地位，这样问的目的在于一步步引导客户，在客户肯定了销售员所有的问题后，自然会得出积极的结论，也就是购买产品。

二、多提开放性的问题

这个过程是在第一个阶段，也就是对话式的后一个阶段。这个过程中，销售员可以与客户进一步交谈，激发客户的交谈欲望，了解客户的兴趣、爱好乃至购买意向等，这个过程是为了帮助销售员进一步确定客户的需求。如果客户对你的交谈无动于衷，而当你说再见时，客户笑了笑，那么，可能你的交谈方式等出现了问题，与客户心中的理想模式有差距。

开放性的问题因为具有很大的回答空间，所以能激发客户的谈话欲望，让客户自然而然地畅所欲言，从而帮助销售员获得更多有效的信息。在客户感受到轻松、自由的谈话氛围后，他们通常会感到放松和愉快，这显然有助于双方的进一步沟通与合作。

通常来说，开放性的提问方式，有一些的典型问法，如“为什么……”“……怎（么）样”或者“如何……”“什么……”“哪些……”等。具体的问法就像案例中一样，需要销售员认真琢磨和多实践才能运用自如。

三、多问答案肯定性的问题

销售员：那么，你同意获得利润最重要的是靠经营管理有方了？

客户：对。

销售员：专家的建议是否也有助于获得利润呢？

客户：那是毫无疑问的。

销售员：过去我们的建议对你们有帮助吗？

客户：有帮助。

销售员：考虑到目前的生产情况，技术改革是否有利于生产一些畅销商品呢？

客户：应该说是有利的。

销售员：如果把产品的最后加工再做得精细一点，那是否有利于你们在市场上销售呢？

客户：是的。

销售员：如果在适当的时间，以合理的价格销售质量好的产品，你们公司是不是会得到更多的订单？

客户：会的。

销售员：如果你们按照我们的方法进行试验，并且对试验结果感到满意，你们是不是下一步就准备采用我们的方法？

客户：对。

销售员：那么我们现在可以先签个协议吗？

客户：可以。

在这个范例中，销售员就是通过逐步提问的方式，将客户的思维逐步引到自己所希望的轨道上来从而最终说服客户购买的。可见，销售过程中，销售员可以事先设计好说话方式，在交流中多提一些答案肯定性的问题，进而引导客户做出有利于销售的回答。

四、建议式提问

“您看您是年付还是季付？”

“您看您是亲自过来还是我给您把保单送过去呢？”

在交谈中，应避免用下面的方式：

“您看怎么办？”

“您看，还是尽快将字签了吧？”

采用提问的方式对客户提意见，比单纯的建议客户购买产生的作用更大、效果更好，因为虽然是提问，但最终的决定权还在客户手里，客户会有一种被尊重的感觉。

另外，与客户交谈快结束时，销售员也应多提一些内容积极、肯定的、让客户增强对产品信心的问题，以促使他下决心购买。例如，“还有什么需要我来完成的吗？事实上，你只需在这里签个字，这张保单从明晨零点起就开始生效。”

1. 提问前首先要有能掌握整个销售局面的信心。

2. 开放性的问题可以获得大量的信息，但同时也容易偏离谈话的方向。

3. 要等到摸清楚客户的所有需求后才向客户销售产品，因为这样才更有迹可循。

高情商推销员懂得把握提问分寸

在销售中，提问的能力与销售的能力是成正比的。可以这么说，问得越多，销售成功的可能性越大。但这并不意味着销售员可以随意地问客户问题，否则只会引起客户的反感。优秀的销售员往往会根据具体的环境特点和客户的不同特点进行有效的提问。的确，很多时候，提问能解决很多劝说解决不了的问题，但这并不代表所有的销售员都会充分利用提问的技巧来获得客户的认同，事实上，经常有一些客户在听到销售员对自己的几次提问后就变得厌烦和不快。这是为什么呢？因为这些销售员忽视了在提问时需要特别注意的一些事项——提问的分寸。

销售员要学会拿捏提问的分寸，以免引起客户的反感。在具体的销售中，要注意以下三点。

一、从不涉及销售的问题切入，让客户乐于回答

一个周末的早上，一个销售员按响了某家的门铃，开门的是男主人，他似乎不爱说话。当他把门打开时，这名销售员问道："家里有高级的食品搅拌器吗？"

男主人怔住了。这突然的一问使男主人不知怎样回答才好。他叫来自己的夫人，和夫人商量了会儿，这位夫人有点不好意思地回答道："搅拌器，我们家倒是有一个，不过不是特别高级的。"

"我这里有一个高级的。"销售员回答说，说完，他从提包里掏出一个高级食品搅拌器。

接着，不言而喻，这对夫妇接受了他的销售。

一般地说，和客户打交道时，提问要比讲述好。在这则案例中，我们发现，销售员的提出的问题是简单明了的："家里有高级的食品搅拌器吗？"面对这样单刀直入、不涉及销售，甚至只需要回答"有"或者"没有"的问题，客户自然是乐于回答的。当然，女主人更为详细的回答让销售员获得了更多的信息。可以说，他正是从一个小小的不涉及销售的问题入手，就极富杀伤力地"俘获了"客户。假如这个销售员改一下说话方式，一开口就说："我是××公司销售员，我来是想问一下你们是否愿意购买一个新型食品搅拌器。"你想一想，这种说话的销售效果会如何呢？

销售中，我们提出的任何问题，最终都是为销售服务的。有些销售员，为了避免引起客户的反感，提问的时候，都尽量避开销售，但到最后却发现事与愿违，随着交谈的深入，话题逐渐偏离了销售的本来目的。但太过直接的问题，着实也容易引起客户的质疑。所以这就要求销售员一定要把握好提问的度，并适时地

引导话题，从而使销售水到渠成。

二、尊重客户，话别随意说出口

“我这样讲清楚吗？”

“我都说了这么几遍了，你怎么还不明白？”

在上面两句话中，很明显第一句是最好的，因为这句话体现的是对客户的尊重，这句话的意思是，如果客户没有弄明白销售员的意思，则是销售员表达得不够清楚，客户自然能接受；而第二句中，销售员则把客户没有弄清楚的原因归结于客户，伤害了客户的自尊心，这样的话在销售过程当中是一定要避免的，因为客户会认为销售员在贬低、嘲笑他的智商，这样只会引起客户的反感。

三、站在客户立场上提问

采购部的云姐联系了两位相互竞争的销售员，想看看谁能最有效地帮助自己降低库存成本。她设定的范围是运用提问法沟通。

她先与小刘进行了谈话，让他说说他的产品可以如何降低库存成本。“机会难得，我一定要好好表现。”小刘心中暗想。于是，他向云姐阐述了他公司的产品是如何借助一个又一个的高科技手段，帮助她实现降低库存成本的目标的，就这样口若悬河地说了整整10分钟。但最后，云姐说自己需要一点时间来消化他提供的这些信息。实际上，她是需要点时间来摆脱这些枯燥的言论。

而第二位销售员小秦采用了截然不同的方法。在解释自己的产品可以如何帮助降低库存成本之前，他向云姐提出了一些至关重要的问题，她是如何计算库存成本的。云姐只会有两种回答：

①说明她的做法；②问清小秦的意图。当然，对于小秦来说，云姐的每个回答都有助于他的销售工作。

很明显，小秦得到了云姐的信赖，他更像一个顾问。的确，销售员要想卖出产品，就必须从客户的角度出发，先对客户的需求予以理解，然后才能根据客户的需求为客户“量身定制”其需要的产品类型等。这类销售员一般是被客户所信任的，因为这类销售员一般是从客户需求出发，把客户利益放在心上，寻求客户利益与自身利益的最佳结合点，而不是为了卖出产品而不顾客户的需求。通常，客户会认为此销售员靠的是产品的价值而不是价格来打动自己，并会感到物超所值。所以，和案例中的小秦一样，如果你能站在客户的立场上提问，就可以达到双赢的目的。

可见，我们在提问的时候，也不要总是围绕销售目的与客户沟通，更要站在客户的立场上提问。

另外，对于某些敏感性问题要尽可能避免，如果这些问题的答案确实对你很重要，那么不妨在提问之前换一种方式进行试探，等到确认客户不会产生反感时再进行询问。

当然，在客户答话离问题太远时，还要用委婉语引导话题：“这些事你说得很有意思，今后我还想请教，不过我仍希望再谈谈开头提的问题……”自然地把话题引过来。问话时不要板起面孔，“笑容是你的财产”，微笑着问话，会使人乐于回答。

做到以上三点，我们大致可以把握住提问时的分寸了。

1. 提问时的态度一定要足够礼貌和自信，不要鲁莽，也不要畏首畏尾。

2. 与客户初步交流，不可太过心急，一定要注意问题必须循序渐进地展开。

3. 问话后我们要察言观色，从客户的表情、动作中获得信息反馈。

第 6 章

慧心魅语，
销售口才是情商高低的重要方面

富有感染力的声音，更有效地吸引客户

作为销售员，我们都深知一个道理：销售是靠嘴吃饭的，一个销售员的口才如何，直接关系到他的销售业绩和生存状况，而判断我们在销售中口才的标准就是能否让客户产生积极的响应。一些销售员有这样的疑问：无论我怎么努力劝说，但客户似乎并不感兴趣，这是为什么呢？其实，问题很可能出在你的声音上。一个销售员在与客户沟通与销售产品的时候，客户了解你的最直接载体就是你的声音，如果你的声音有感染力，将对客户产生有利的影响。

希腊哲学家苏格拉底说："请开口说话，我才能看清你。"人的声音是个性的表达，声音来自人体内在，是一种内在的剖白，因此，你的声音中可能会透露出畏惧、犹豫和缺乏自信，也可以透露出喜悦、果断和热情。我们说话的声音，也必须和音乐一样，只有渗进人们心中，才能达到说服别人的目的。

一、把握好语速、音量以及停顿，让你的语调抑扬顿挫

3年前，李娜还是这家咨询公司的市场推广员，而现在，她已经做到了培训经理的职位。在销售行业的成功，得益于她出色的口才。公司的同事都说她的声音很好听，那么婉转、动听，让人听着很享受。

一次，她被派到日本的分公司进行培训工作。报到的第一

天，日本的公司代表们就盛情邀请她进行演讲。当时，不会日语的她直接用汉语演讲。当地的日本同事似乎都听不懂汉语，虽说不了解她台词中的意义，却觉得听起来令人非常愉快。

李娜接着演讲，语调浙渐转为低沉，最后在慷慨激昂、悲恰万分时戛然而止。台下的观众鸦雀无声，同她一起沉浸在悲伤之中。而这时，台下传来一个男人的笑声，他是陪同李娜来日本的助理，因为李娜刚刚用汉语背诵的是一首中国的古诗，并没有演讲什么销售经验。

案例中，我们发现，一个人仅凭声音便可以感染他人，甚至可以完全把握对方的情绪。销售员若也能让自己的声音更有感染力，那么，你的销售业绩一定也能更进一步。

在增强声音感染力方面有一个很重要的因素，就是讲话的语速。如果销售员说话语速太快的话，客户不容易听清楚你要表达的内容，而且太快的语速还会给客户一种紧张感和压力感。可是，如果语速太慢的话，会给客户以啰唆、拖沓的感觉，而且太快或者太慢的说话速度都不容易激发客户参与到说话当中的积极性，这样很不利于销售员与客户之间的沟通。

音量的高低能够反映一名销售员的素养。音量太小，显得你信心不足，说服力不强。而说话自信，并不是要我们趾高气扬，因为音量太大、音量过高容易给人一种缺少涵养的感觉，会造成太大的压迫感，使人反感。

为此，在说话前，你需要先把你想说的要点想清楚，整理好自己的思路，并调整好自己说话的语调和音量，进而在谈话中使客户感到愉快。

二、满怀热情、让对方感觉到你的热情

珍妮是一名优秀的房地产销售员，很多客户购买了她所销售的房子后，仍然与她保持着密切的关系，有的甚至还成为她的朋友，并帮她推荐客户，她为什么能获得如此成功呢?

原来，珍妮在进行销售的工作时，不只是单纯地向客户销售房子，而是“送温暖到家”，真诚地帮助每一位客户，帮助他们解决生活中的麻烦。例如，她会经常给自己的客户打电话嘘寒问暖，定期到客户家中拜访，询问他们房子的使用状况。如果出现什么问题，她会及时帮助客户解决物业纠纷。此外，当她的客户乔迁新居后，她还会准备一份精美的礼物登门拜访，安排新住户加入当地的居民俱乐部，帮助他们融入全新的生活环境。珍妮的热情和细心，让她的客户们感动不已。于是，那些她服务过的客户，都会热心地把自己需要买房的亲戚朋友介绍给她。这样，珍妮的口碑越来越好，业务也就越来越兴旺。

人们在需要他人帮助的时候，是最容易感动的，这就是珍妮选择雪中送炭的原因。当这些客户感激涕零后，与销售员珍妮的关系也由单纯的业务关系上升到朋友关系，自然也就愿意帮助珍妮。可见，与人为善，用温情打动他人，不但能为你赢来好人缘，还能帮助你敲开客户的心灵。

在与客户交流时，如果你语言死板，不苟言笑，客户是不会买你账的。也就是说，你没有热情，他们也会失去热情。为此，你需要时时提醒自己要保持热情，不仅是对客户的热情，更重要的是对销售工作、对生活和生命的热情。因为热情是这个世界上最有价值的也是最具有感染力的一种情感。

当然，太热情了也不好，因为凡事都应有个度。人是有差别

的，有的人喜欢跟热情的人交流，有的人却不喜欢跟太热情的人打交道，这跟人的性格有关的。销售员也要根据客户的性格来做应对。

三、自信、愉快的笑声

身体语言中最重要的就是一定要微笑。作为销售员，如果你是一个内向、冷漠的人，不妨经常抽出一些时间来对着镜子笑一笑，早上起床时也可以对着镜子笑一笑，逐渐使自己的面部表情丰富一些，并养成微笑的习惯。

好口才离不开富有感染力的声音，如果你能做到以上三点，就可以打动客户！

1. 销售员说话简洁清晰、不要啰唆，不要说一些无关紧要的话，反复重复自己的话更是不自信的表现。

2. 要善用停顿，适当地停顿一下就可以更有效地吸引客户的注意力。

3. 在与客户沟通时，要充分尊重客户的人格和习惯，绝对不能讲让客户丢面子的话。

妙用修辞，让销售语言更生动有趣

语言的力量是巨大的，它可以把两个陌生的人由陌生变为熟悉，由熟悉变成知己或亲密的朋友。在销售的过程中，更是如此，即使没有门路，也能打开销售之门，为我们赢得一个良好的销售局面……但实际销售中，我们却常常听到这一类的抱怨，“这年头，客户怎么都这么难搞定啊？”的确，但那些不会说话的销售员，通常在表达的时候，语言干涩无味，让人听了昏昏欲睡，更没有继续交谈的欲望。而如果我们能巧妙地运用比喻等修辞手法的话，就能立刻让你的表达绚丽起来。

一、掌握一些基本的修辞手法的运用原理

比喻：是找出两个事物之间的相似点，有相似点才能构成比喻，另外比喻就要有本体、喻体和喻词；比喻可以使被描写的事物形象鲜明生动，加深人们的印象，用它来说明道理时，能使道理通俗易懂，便于人们理解。

排比：把结构相同或相似、意思密切相关、语气一致的词语或句子成串地排列起来的一种修辞方法。它能够使句子结构整齐，语调协调，说理周密，表现充沛，论证雄辩，气势磅礴。

夸张：运用丰富的想象，在客观现实的基础上有目的地扩大或缩小事物的形象特征，以增强表达效果。

借代：不直说事物的名称，而是用与本事物有密切关系的事物来代替本事物。

双关：在一定的语言环境中，利用语义和语音的条件，有意使语意具有双重意义，言在此而意在彼。

二、变换我们常用的销售语言，充分发挥我们的想象力

程龙是一名建材销售员，销售能力很强，生意红红火火，因此，常有同事开玩笑说：“此程龙也不亚于彼成龙啊。”他的业绩与他的说话能力是分不开的。

有一次，他得知某建筑公司要采购一大批建材，程龙想，这可是一大笔生意，一定要把握好。但他同时又得知，这家公司的采购经理是个很冷漠的人，无论销售员说什么他都听不进去，每次采购都是自己经过多番调查才下决定。程龙决定会一会这位采购经理。

这天，他来到这家公司，看到这位经理忙得不可开交，就没有说什么，而是静静地等在门外。到了下班时间，他主动走进去，对这位经理说："采购工作好不好做？"

"你看我这样子好做吗？"这位经理耸了耸肩。

"你今天已经算是幸运的了，可以待在办公室，一般的情况是：出门是兔子，办事是孙子，回来是骆驼。"

这位经理听完后，哈哈大笑，主动邀请程龙坐下。第二天，该经理就把这笔大宗的买卖交给了程龙。

很明显，我们发现，销售员程龙之所以能获得客户经理的好感，是因为他那句颇有意蕴的比喻句："出门是兔子，办事是孙子，回来是骆驼。""兔子"是指出门为了抢时间赶车赶船跑得快；"孙子"是指为了买到所需货物不惜请客送礼，点头哈腰地向人家求情；"骆驼"是指回来的时候不仅要办好货物托运还要给老婆孩子买东西，负载很重。他用形象的比喻说明采购工作是个吃苦受累的活，表达了对客户的理解，客户"哈哈大笑"也就不足为奇。

有时候，我们的销售语言之所以会平淡无奇，是因为我们束缚了自己的思维。而假如我们能在销售语言的训练中，转换角度分析，如可以从意义方面入手，也可以从形式方面入手；可以着眼于词语，也可以着眼于句式。这样，我们会发现，同样一句话就会出现完全不同的表达效果。例如，销售中，我们原本想赞美客户年轻美丽，通常我们会说："您身材真好……"但如果我们转换一种说法："我听说有'画中仙'之说，原本还以为是夸张呢，今天算是见识到了。”通过这样巧妙地运用修辞手法，说出的话更显得动听，客户自然也就更容易接受。当然，我们表达之前，最好做一番铺垫，否则会显得唐突。

三、根据具体的销售环境，灵活运用，随机应变

玛丽女士是一家大型化妆品公司的总裁，虽然这家公司成立的时间不长，但却发展迅速。每每提到自己的成绩时，玛丽女士都很感激自己的两个助手：琳达和文森。的确，他们为公司的发展立下了汗马功劳。因此，玛丽女士很信任他们，并把他们当成自己的“左右手”。不过，相比之下，玛丽更器重文森，他比琳达更聪明，思维更活跃。只是年轻好胜的他很爱闯祸，不过他却从来没有出现过麻烦缠身，影响工作的情况。

文森有个好朋友叫霍华德。霍华德是当地著名的律师，他在法律界可谓战无不胜，而且办事效率很高，所以文森称他为“快枪霍华德”。但上天毕竟是公平的，他有着超乎常人的才能，却没有与之相匹配的相貌。而实际上，霍华德确实是个长相丑陋的人。

一次，玛丽女士举办了一个大型研会，宴会前，她告诉文森可以带上自己的好朋友们，文森当即就想到了自己的铁哥们“快枪霍华德”。

宴会上，霍华德问文森哪个是玛丽女士，于是文森指给了霍华德。不一会，霍华德手里拿着酒杯走到了玛丽对面，对她问好：“亲爱的玛丽女士，您好。”玛丽看见来者先是一怔，她身旁的朋友也意识到了来者的相貌很影响气氛，玛丽随即问了一句：“你是谁？”这句话使这种紧张的氛围加重了。

正当人们犹豫的时候，霍华德说道：“您好，我是您左手握着的那把快枪。”玛丽恍然大悟，感觉很失敬，连忙微笑着与霍华德握手，周围的人也都笑了起来，同时对这名没有见过面的著名律师赞许有加。

在特定的环境下引用别人的话语、格言，可以起到幽默的效果。这里，霍华德使用的便运用了这一方法。

可见，采用修辞能将抽象难懂的问题具体化，能使深奥的语言变得浅显易懂，同时还能给枯燥干瘪的语言润色，使其变得更加丰满，另外还能产生让人们联想的“弦外之音、言外之意”。销售中，我们在表达的时候，若能正确运用恰当的修辞手法，一句干涩的语言就会顿时形象、生动起来！

销售技巧点睛

1. 大胆开口，才能灵活运用语言的艺术以及各种修辞技巧。
2. 看人说话，跟不同的客户应使用不同的修辞手法。
3. 多做语言积累，才能在关键时刻信手拈来。

语气与神态配合，更能牵引客户兴趣

人是情绪化的动物，一般来说，人们的情绪，包括喜、怒、哀、乐，往往会直接表现在脸上。因此，生活中，我们可以通过观察人的面部表情，来得到许多关于此人的信息。作为销售员，我们在与客户打交道的过程中，不但要察言观色，以揣测对方想法，更要注意让自己的语言、语气与神态配合恰当，这样才显得更真实。因为主动、热情、耐心、周到的服务态度，不仅要由口头语言来表达，还要与其动作、神态、耐心、周到的服务态度互相配合地表现出来，才能达到语言、动作、神态三者的和谐统一，以取得服务态度最佳的效果。

一、语言生动、语气亲切

采用生动、形象的语言，亲切的语气，这样才能使客户感到愉快，从而对销售员产生信任。生活中，有些人的防范和自卫意识比较强，当销售员上门销售的时候，他们会很紧张、不安甚至害怕，更是本能地拒绝。其实，对陌生人的防御心理，每个人都有，只不过轻重不同罢了。面对抵制心理严重的客户，销售员要特别注意自己的态度和用词，使用舒缓、友好的语气与客户交流，营造出轻松、活跃的销售氛围，让客户体会到亲切感，并以实证来赢得客户的信任。当信任感与安全感在客户心里渐渐增加，其防范心理也就慢慢消失了。

在与客户沟通的过程中，要让客户感到销售员是诚实的，客户是不愿意和一个虚伪狡诈的人沟通的。因此，销售员说话一定要恰如其分，符合双方的身份，不然，就会引起客户的反感。

二、态度诚恳

玩具公司的销售员周康第二次来拜访一位客户，在第一次登门拜访时，周康已经获得了客户的肯定，这次，他带着公司的玩具样品，准备与客户进行下一步洽谈。但是，客户在看过周康带来的样品之后，却提出了一些反对意见：

客户：“不得不说，你们公司的产品在细节上做得不是很完善啊，这与你们所宣传的有出入。”

周康：“我想您在玩具制作方面应该可以称为专家了。一个玩具公司能够拥有好的口碑，仅仅靠公司的宣传是很难达到的，好的质量和工艺才是关键。像您所说的，我们公司能够拥有较大的影响力正是由于产品质量优良、工艺精湛啊。对于产品的细节问题，您尽管提出来，我们公司一定会为您提供满意的解决方案的。”

客户：“细节问题很多了。就像这款样品，上面还有一些针脚问题，虽然问题不大，但是对于玩具来讲，这就是个大问题。二手货和折价产品也不过如此了。”

周康：“原来您是在说这个问题啊。不过您可能误会了，我给您拿来的只是一个样品。在我们与客户谈判时，样品难免会被反复挪动和试用，所以就会造成一些划痕。但是对于您定的货，您完全可以放心。如果产品有问题我们将承担全部责任。”

客户：“哦，是这样。那么。产品的色差又怎么解释呢？”

周康：“您真是个细心的人，其实像这种布娃娃的颜色与其所在的环境有很大关系。如果光线较暗、环境亮度较低，那么在拍摄的效果中颜色就会暗些。所以，很多厂家在给玩具做宣传画册的时候，一般都会特意设计一些灯，都是为了突出效果考虑的。”

客户：“哦。但是你们的产品还是有一些问题……”

周康：“其实非常感谢您，为我们的产品提出这样的宝贵意见，这对我们有效改进工作都有很大的帮助。您看这样好不好，我把您提出的问题都写在订单上，然后让生产部门按照您的要求进行处理。保证在交货期之前让您看到完全满意的商品，您看怎么样？”

经过周康妥善的处理，客户已经决定订购该玩具公司的产品了。

案例中的销售员周康能消除客户的意见，在产品有些小毛病的情况下，仍然劝服了客户购买，主要是与其态度有很大关系，他用谦虚、诚恳的态度打动了客户。无论在什么时候，保持良好的服务态度，都是销售员取得销售成功的一个重要原因。

三、要配合适当的表情和动作

陈进是一名刚踏入销售行业的销售员，一切还在学习阶段，因此平时工作很努力，从不敢怠慢客户。

有一天，他和女朋友吵架了，那天，他本想请假的，可是公司临时派他和一位同事去拜访一位客户，他无法推脱，就硬着头皮去了。由于天气炎热，再加上他心情不好，他一路抱怨："这活儿可真不是人干的，挣不了多少钱，还得这么受累。"

见到客户后，陈进努力克制自己的情绪，和客户商量合作事宜。由于对陈进所在公司销售的产品比较信任，也合作过多次，对方并没有刁难他们，很快便答应购买，只差签约手续，陈进终于松了一口气，最后他说："王总，您看，我们什么时候签约？"在说这句话的时候，陈进的表情痛苦极了，不幸的是，他的表情被客户捕捉到了。

"再说吧……"

听到这些，陈进觉得有些莫名其妙，但最终，这位客户并没有购买产品。

这则销售案例中，客户之所以最终放弃购买，就在于销售员陈进最后那个痛苦的表情，这让客户心中也不悦，不免产生了对与自己合作的销售员的种种猜疑。

我们都知道，与客户沟通，要注意措施和语气，这一点固然重要，但如果说话时表情冷漠，动作呆板，那么，即使再生动的语言也不能起到良好的沟通效果。因此，我们同样要重视表情和动作的作用，讲话时一定要配以自然的动作、亲切的表情，使客户心情愉快，但切忌夸张或矫揉造作，以免引起客户反感。

1. 迎接客户时，要面带笑容，不可上下打量、眼神游离。

2. 介绍产品时，销售员的眼睛要炯炯有神，以表现出对产品的自信。

3. 客户试用产品时，销售员不可不耐烦。

沉默是金，以静制动是高情商销售技巧

《道德经》曰："虚而不屈，动而愈出。"这句话告诫人们要学会"抱朴守静"，以观其动，只有把激烈的情绪平息下去，以一种清静、冷静的心态，敏锐地观测事物的运动变化，才能抓住突破口，迅速攻击，克敌制胜。这句话同样适用于销售。而事实上，很多销售新手的最大弱点是不能耐心地听对方发言，他们认为自己的任务就是谈自己的情况，说自己想说的话和反驳对方的反对意见。因此，在谈判中，他们总在心里想下面该说的话，而不注意听对方发言，许多宝贵信息就这样流失了。

可见，在具体销售中，说得多不一定销售成果就好，甚至有时候还有可能"多说无益"。实际上，如果我们懂得适时沉默的话，可能会有不同的成效。这也就是人们常说的"留白"。

销售中，我们经常会遇到这样一类难以搞定的客户，他们对我们的产品显示出一副可买可不买的态度，而对我们报出的价格也是不置可否，甚至表明自己和目前的供应商合作愉快，不需要

更换合作方。面对这种情况，一些销售经验尚浅的销售员，就会站不住立场，做出让步；也有一些销售员，则轻信了他们的话，失掉了这笔生意。

事实上，客户这么说，只不过是想退一步，进而了解你的底线，所以无论出现何种情况，你都要再坚持一下，这对你不会造成什么损失。就在你即将放弃的前一秒钟，通常他们会问："你的最低价格是多少？"这才是他们的本质意图，在这之前复杂的铺垫就是为了这句话。

美国大发明家爱迪生曾经也做过一笔生意：

当时，爱迪生已经是一位小有名气的发明家了。当他发明了自动发报机之后，为了能获得一笔建造新的实验室的经费，他准备卖掉这项发明以及技术。但一个把大部分时间花在实验上的发明家哪里知道当时的市场行情，他根本不知道这项发明能卖到多少钱，于是，他叫来自己的妻子米娜，准备与其商量下。而米娜也不知道这项技术究竟能值多少钱，她一咬牙说："要 2 万美元吧，你想想看，一个实验室建造下来，至少要 2 万美元。"

爱迪生笑着说："2 万美元，太多了吧？"

米娜见爱迪生一副犹豫不决的样子，说："我看能行，要不然，你卖时先套套商人的口气，让他先开价，然后你再说价。"

后来，纽约有一位商人，一听说爱迪生要卖自己的这项发明，激动之余很快便与爱迪生联系。谈判后，这位商人很快进入主题，问及发明的价钱。因为爱迪生一直认为要 2 万美元太高了，不好意思开口，于是只好沉默不语。

接下来，商人几次追问，爱迪生始终不好意思说出口，正好他的爱人米娜上班没有回来，爱迪生甚至想等到米娜回来以后再说价钱吧。

最后商人终于按捺不住了，说："那我先开个价吧，10万美元，怎么样？"

爱迪生一听很震惊，甚至大喜过望，不假思索地当场就和商人拍板成交。后来，爱迪生对他妻子米娜开玩笑说，没想到晚说了一会儿就多赚了8万美元。

案例中，爱迪生之所以能得到比预期多出的8万美元，就是因为他保持了沉默，起到了以动制静的效果。俗话说：沉默是金。销售员在与客户交谈有时也需要沉默，因为当你沉默时，会让客户觉得你实在为难，无法答应他的要求，这样，以静制动，你会取得较多的利益。要知道，口若悬河并不是真正的口才。

巧舌如簧并不是什么时候都能收到最佳效果的。销售本身就是一场心理战，在你没弄清对方的意图前不要轻易地表态。因为沉默不仅能够迫使对方让步，还能最大限度地掩饰自己的底牌。一般来说，作为买卖双方，在内心都有自己理想的成交方式，即使对于同一个问题，一般也总会有两种解决方案，即你的方案和对方的方案，你的方案是已知的，如果你不清楚对方的方案，则务必要设法了解到对方的方案再做出进一步的行动。

总之，我们在销售中，不要误以为滔滔不绝才能显示我们的语言水平，适时地沉默，引而不发，可以以一种特殊的心理状态，攻破对手的心理防线，从而成功地达到销售目的。

销售技巧点睛

1. 保持耐性，才能坚守立场。

2. 不要总是试图用你的口才去劝服客户。

3. 对于客户的拒绝、刁难，销售员应戒骄戒躁，以一种平和的心态去与客户沟通。

第 7 章

谨思慎言，
高情商推销员绝不会犯的语言禁忌

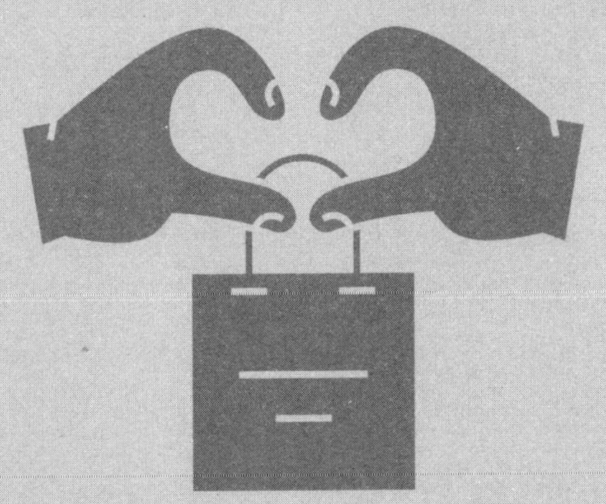

把握主动权，别客户什么问题都乖乖回答

任何一位销售员都希望销售过程顺顺利利，都害怕客户的刁难或者至拒绝，但这却又是不可避免的，任何一次销售活动，都不可避免地存在客户的异议。甚至可以说，销售员碰到客户拒绝的可能性远远大于销售成功的可能性。实际上，出于对销售员的防备之心，人们除非对产品很感兴趣，否则，拒绝都是他们的本能反应。即使他们对产品感兴趣，他们也会提出很多让销售员无法回答的问题，而有时候，面对客户的某些看似反驳或者拒绝的问题，我们不必要一一作答。

研究表明，客户拒绝销售员往往是习惯使然。这和大众的性格有关，大家一般都会对现状并不满意，渴求改变，但同时又对新事物抱有抵抗情绪，出于对新事物的不够了解和不能把握而排斥新事物，大多数情况下宁可维持现状。

所以，销售员在和客户沟通的过程中，面对客户提出的一连串问题或者反对的话，我们完全可以忽略，如果纠缠在这些问题上，只会阻挡我们销售的进程，我们要做的就是越过这些问题，深入进去，找到客户拒绝的真正原因。具体来说，有以下几种情况：

一、客户对产品感兴趣，却指出产品的某些小问题

某客户来到一家工艺品店，很快，他看上了一套摆在货架中

央的工艺品。

销售员：“先生，这套工艺品您觉得怎么样？”

在销售员说此话时，客户上下打量着工艺品，露出很欣喜的表情，但奇怪的是，客户却这样回答销售员：“你们这工艺品的做工实在太差，我真不知道，这样的工艺品，你们怎么还敢拿出来卖？”

销售员：“谢谢您的建议，在工艺品的做工方面，我们会尽力提高的。您能否对我们产品做工提些具体的建议，如哪些方面的做工存在问题呢？”

客户：“它太薄了，我觉得这样很不结实。”

销售员开始向客户介绍说轻薄恰巧是该产品的最大特色等，看到客户听得聚精会神，十分专注的样子，销售员说：“先生，这套工艺品的制作工艺非常精湛，您刚刚一定也通过我的介绍对它有了一定的了解。我想您是否还有些其他方面的问题呢？”

客户：“这个，我觉得颜色也不太好啊。”说此话时，客户的眼睛从没离开过产品，并且流露出喜欢的目光。

销售员：“先生，这套工艺品是限量生产的，现在就剩下一套了。收藏的话可以说就是绝版了。而且，如果您的书房能摆上这么一套制作精良的工艺品，一定会给您增添不少乐趣。”

客户：“这倒是，那你们能不能给我打个折？”

销售员：“这请您放心，凡是来购买我们产品的，都有八折优惠。”

最终，这位客户购买了这套工艺品。

我们可以看出，销售案例中，这位客户是精明的，看上了产品，却并没有表现出来，而是称产品做工差，他对产品挑剔，无非是希望销售员能为自己打个折。正是看出了客户对产品的喜爱，销售员首先肯定客户所谓的“意见”，然后引导客户说出具体的“做工差”的表现，但实际上，销售员并没有直接回答客户的这些问题，而是抓住客户想购买的心理，以“限量生产”的回答来激发客户的购买欲。而最后，客户终于说出自己的真实意图，而很明显，他的顾虑是多余的。

在销售员和客户沟通的过程中，往往会遇到很多类似这样的问题，如一位客户似乎对一款家电感兴趣，但在做出购买决定前，突然指责家电上的一些小问题，其实客户所指出的问题，最大可能是他想要降价的借口，而不是问题本身。这样的异议是不需要回答的，如果解释和争辩只能使问题越来越乱。

二、客户称：我没钱

有个叫马涛的研究生，毕业后就被一家大型的保险公司录用，被任命为总裁助理。但正式上任前，公司领导层考虑到他对保险行业的生疏，决定先让他熟悉一下市场，在基层先做几个月。也就是说，刚开始的几个月，他要和基层的保险销售员们一起跑业务。为了有个好的开始，他参加了公司的各种培训课程，也让前辈教了自己各种业务技巧，但他并没有获得大家想象中的成功。最后，公司解聘了他。为什么会出现这样的情况呢？

原来，他有个致命的弱点，那就是无法接受客户的拒绝。当他面对客户时，如果客户直截了当地告诉他：“我没钱买保险。”他心想，没钱还能怎么样，算了呗。于是就放弃了更进一步的销售。结果，客户都是愤愤地离去。

其实，案例中的马涛之所以不能成功，是因为他无法摆正心态，无法接受客户的拒绝，面对客户“没钱”这一无关痛痒的拒绝原因无法做出回应。实际上，让客户发现自己的需求，收回其“不需要”“不感兴趣”等拒绝原因，正是我们销售员的工作，而不是用言语进行辩解。

不得不说，“没钱”在很多时候只是客户的一种借口，如果客户对产品的需求是强烈和必需的，由此产生一种“紧迫”的需求，没钱的借口就不攻自破。因此，销售员不必因为客户提出“没钱”的异议就否定这次的销售。如果出现了这种情况，只能说明你对客户的需求启发不够，没能让客户对产品能为其带来的益处了解透彻。

三、客户称：我只是看看，不想买

有些客户在刚与销售员见面时，便会先发制人地说“我只是看看，不想买”或者称“我不需要”，这是销售员在销售开始经常遇到的客户的拒绝方式，人们似乎已经把其当成一种拒绝销售员的口头禅与挡箭牌。

有统计数据表明，将近80%的客户对现有的产品或者服务感到不满意，但却不想采用任何措施去改变现状；有85%的客户实际上没有非常明确的需求。

事实上，这类客户虽然持否定态度，但这只不过是一种心理抗拒的表现。一般来说，对于客户的这种态度，我们不必在意，因为他的话并非出自真心。只要我们主动一点，主动亲近客户，那么，他的防备心自然就消除了，因此，可以说，这类客户是最易成交的类型。

1. 敏锐观察，学会判断客户拒绝背后的意义。

2. 客户明知故问的发难，容易造成争论的问题也是我们不必一一作答的问题。

3. 学会沉默和假装听不见、转换话题都是我们对客户虚假异议的方法。

言简意赅，展现你的专业素养

人们常说："做销售，要想把产品销售出去，首先就要把自己销售出去。"此话不假，表面上看，客户购买的是我们的产品，但这是建立在客户对我们信任的基础上的。同样，我们在与潜在客户接触、进行客户开发的时候，也只有获得他们的信任，才能真正将销售进程推进一步。要做到这一点，凸显自己的专业素质必不可少，因为没有一个客户愿意与一个对产品不熟悉、说话模棱两可的人合作。

而现实销售中，一些销售员在与潜在客户沟通的过程中，为了能让客户接收到关于产品的更多的信息，常常不顾客户的感受，一味地表达自己的观点，但却常常事与愿违，让客户生厌。通用电气公司的一位副总经理曾说："在代理商会议上，大家投票选出导致销售员交易失败的原因，结果有314人——也就是一多半的人认为，最大的原因在于销售员喋喋不休，这是一个值得注意的结果。”

可见，谈吐不专业、喋喋不休等是销售员在接近客户的过程中最容易犯的一个错误，同时也是销售的大忌。所以，销售员在了解和掌握足够的产品信息的同时，也十分有必要培养和锻炼自身的语言组织和表达能力，尽可能地用最清晰、简明的语言使客户获得其想要知道的相关信息。

一、有针对性地沟通，了解客户需求

某商场名表专柜来了一位年轻时尚的男士。

销售员：“这位先生您好，我是××专柜的销售员，很高兴为您服务。”

客户：“你好！”

销售员：“我看先生的气质不凡，品位高雅，一定要买一只与您相匹配的名表。”

客户：“哦。”

销售员：“每个品牌的表都有不同档次，我们的产品也是，我建议先生还是佩戴有一定档次的表。”

客户：“嗯。”

销售员：“我们品牌××系列产品，很适合您这样的商务人士，更能凸显您的气质。首先，它的表面是采用……其次，它的机芯是……”

客户：“对不起，我今天还有点事，回头有时间再来吧。”

上述这位销售员犯的最大错误就是：不顾客户的感受，一味地阐述自己的观点，让客户购买。但销售活动并不是销售员一个人的事，你说的任何话只有对客户产生积极的听觉效果，才能促成购买。如果你的话啰唆不断，没有重点，不仅耽误了客户的时间，还会显得你没有过硬的专业素质。

销售员在与客户沟通前，应该对客户的自身情况做尽可能多的了解，从而了解客户的思想、需求、愿望、不满和抱怨，甚至了解客户的气质等重要信息，从而有针对性地对客户进行沟通和鼓动，从而利于商品销售。

二、语言精练，体现专业素质

销售员："××先生，您好！我是××公司的坐席代表，为了感谢您对我们公司的一贯支持，最近，我们推出了一项新的业务套餐，这项套餐中有很多功能，很适合您这样的成功人士：第一项功能是隐藏电话号码，第二项功能是来电转移，第三项功能是打长途优惠，第四项功能是语音留言，第五项功能是一卡多号。您只要通过我们的系统申请一个ID号码，月租10元，就可以同时拥有以上五大功能了。我现在就给您注册，好吗？"这位销售员的话还没说完，客户就挂断了电话。

可能很多销售员会产生疑问：这位坐席代表的销售方式并没有什么问题啊，为什么会遭到客户拒绝？其实原因很简单，因为他说得太过繁杂，只顾自己滔滔不绝地说个不停，中间没有任何停顿，也没有给客户互动的机会。这除了会让客户觉得自己的时间被占用外，还认为自己没有受到重视，自然就挂电话了。可见，在电话营销的过程中，一方面，销售员在讲话时不要太啰唆，一定要突出重点，否则就抓不住对方的注意力；另一方面，要注意与对方互动，不可自顾自说个不停，让对方没有表达的机会。

这要求销售员做到：

（1）表达不冗余，词句简练，信息有其一定的必要性。讲话絮絮叨叨的、繁杂的销售员应当加以改正。

（2）信息不重复，即说话不可啰唆、重复；表达要言简意赅、精炼，措辞有表现力，也不要总是把口头禅挂在嘴上。

（3）表达明确，不可模棱两可，也不要使用那些令人费解的词语。防止误解，避免歧义。说话不要吞吞吐吐，说一些似是而非的话，要一是一、二是二，把要表达的意思说清楚。

三、有效沟通、表达尊重

一天，一家服装店内来了两个女孩子。在进店前，其中一个女孩看中了玻璃橱窗内的一条裙子。于是，她们商量好，由另外一个女孩子帮忙砍价。她们来到这家服装店，装模作样得看了几条裙子后，拿着那条早已看中的裙子。

要买裙子的女孩让她朋友帮忙看一下，于是朋友就拿起这些裙子，一件一件地挑，不是嫌这条的做工粗糙，就是嫌那一条的扣子没有缝好。其实她的用意只是为了砍价。

这时，在一旁的销售员恼怒了，冷若冰霜地说："你们要想买就买，要是看不中就拉倒，不要在这里挑来挑去耽误时间。"

朋友一听生气了："不买就不买，你以为就你这里有裙子卖啊。"然后两个人愤愤地走了。

在上面的案例中，这位销售员虽然语言精练，但却没有达到销售目的。其原因在于他犯了生意中的大忌：缺少良好的服务态度，因为任性和没有耐心，而顶撞了客户。假若他能找出客户挑剔的原因——砍价，进而有针对性地说服客户，把话说到位，那么，可能是另一番销售情景。

言简意赅的语言往往更有表现力和说服力，这就是为什么有些销售员反复劝说客户购买却起不到作用的原因。简洁明晰地表达出自己的观点是一个优秀的销售员必须具备的素质。因此，我们要想加大成功销售的把握，就要尽量使用最清晰、简明的语言，使客户轻松获得想要知道的相关信息。

1. 销售不是演讲，而是与客户的沟通，把产品信息与客户需求结合起来才能成功销售。

2. 语言专业、凝练，也要有亲和力。

3. 注意倾听，才能了解客户的需求，制订有针对性的销售对策。

诚信至上，千万别给客户开空头支票

做销售最重要的就是讲诚信，要做到“言必信，行必果”，面对客户，我们不应该轻易许诺。但如果答应了客户的请求，就一定要做到，否则就会失去客户的信任。

而实际销售中，一些销售员为了能吸引客户，或者为了使客户尽快地签单或购买产品，无论客户提出什么样的要求都先答应下来，甚至主动向客户许诺自己做不到的事情，而当客户要求销售员兑现当初对自己的这些承诺时，销售员并不能兑现，就引来了客户的不满和抱怨，以至于有时客户会取消当初的订单。当这种事情发生的时候，销售员所损失的不只是某个客户，而是作为一名销售员应该有的诚信，谁还会与这样的销售员合作呢？

因此，作为销售员，我们一旦许诺了客户，无论你有多忙，也不论有多么重要的事等着你去做，都一定要遵守自己的承诺并且去做好它。而对于那些没有把握的事情，就不应该轻易许诺，对于那些客户主动提出的要求，如果我们不能做到，也要诚恳地向客户道歉，并说明原因，切不可不了了之。

一、在条件允许的情况下，给予客户能够兑现的满足

菲菲是一名工艺品销售员，这天，在门店工作的她遇到了一位头发斑白的老太太。老太太盯着柜台上的一块老怀表看了半天，很明显，她想买走这块表。

菲菲也看出了老太太的心思，便询问道："阿姨，您是想买这块表，对吧？"

"是的，我老头子就快过生日了，他很早就想要个这样的礼物，可是，这块表要好几百块，我身上的钱不够。"菲菲是个心地十分善良的女孩子，看到老太太为难的样子，她赶紧说："阿姨，您身上有三百五十块没有？是这样的，我们店里的销售员每年都有三次的折扣机会，打七折，您用我的折扣卡打折，就能省一百五十块。您看这样行吗？"

"是吗？你真是个好姑娘，真的太感谢你了。"

菲菲的这笔生意很快做成了。令她高兴的是，她结识了一位忘年交，这位老太太后来为她介绍了不少客户，都是她的老街坊、老姐妹，菲菲的生意也好了很多。

在现实的销售中，也会出现销售员菲菲的这种情况，客户确实想购买，但却因为某些客观原因，如预算有限，无能为力，所以想要你在支付时间上给予宽松的余地时，此时，不妨再问询更高一级的领导人员，为客户说说情，这样，即使上级不答应，客户也不会怪罪于你。而如果你能为客户争取到这一特权，那么，客户自然会大加感激。

二、说出难处，无奈地拒绝

百事可乐前总裁卡尔·威勒欧普到科罗拉多大学演讲的时候，有一个名叫杰夫的商人约卡尔见面谈一谈，卡尔答应了。正当卡尔兴致勃勃地为大学生们演讲时，有一个人走到他的面前，放下一张纸条，上面写着："您和杰夫·荷伊约定的时间到了。"

卡尔没有犹豫，他对大学生们说："谢谢大家来听我的演讲，本来我还想和大家继续探讨一些问题的，但我有一个约会，而且现在已经迟到了。迟到已经是对别人的不礼貌，我不能失约，所以请大家原谅，并祝大家好运。"在雷鸣般的掌声中，卡尔快步走出礼堂，在外面找到了正在等他的杰夫，向他致了歉意后，又耐心而诚恳地回答了杰夫所提的问题。

后来，杰夫成了一名成功的商人，他把这一段经历告诉了他的朋友。他的朋友们都对百事可乐产生了信任并决定加盟百事可乐的经销体系。

从卡尔的这段经历中，我们得出一个启示：从事营销行业，最重要的就是要有说到做到的品质。因为无论是做人还是销售，成功秘诀中最不能缺少的两个字就是"诚信"。

如果客户提出一些让销售员无法兑现的条件，为了销售成功而作出一些无法实现的承诺是不明智的。这时销售员应本着诚信的原则，就像故事中的卡尔一样无奈地表示拒绝，这样反而会获得对方的信任和同情，使成交顺利进行下去。当然，拒绝客户也要讲究方法，不能伤害了客户的感情而彻底失去客户，对此，我们不妨用这样的说话方法，如"对不起，这个已超出了我的权力，请见谅……”“如果法律允许的话，我也同意。”这样向客户委婉地指出他的要求已经不属于自己同意的范围，既向客户表达了拒绝，又能得到客户的谅解。

三、补偿法拒绝，满足客户其他方面的要求

补偿法拒绝是指对于客户提出的某些要求，我们无法满足时，我们不可轻易许诺，但可以通过满足客户其他方面的要求，来弥补这一不足，如以赠品来拒绝降价就是补偿法拒绝的最好体现。

总之，作为销售员，一定要记住这三点：说到要做到，不能做到的不要轻易许诺；每一次承诺，都是向客户证明你的诚信；每一次实现承诺，都会增加客户对你的一分信任。

1. 坦诚是建立信任的第一步，对于做不到的事，千万别信口开河。

2. 如果客户提出的是你不能满足的条件，那么，你也可以同样提出他不能接受的条件，这样对方就会知难而退。

3. 客户是不希望听到任何拒绝的。无论任何形式的拒绝，我们都要讲究方式方法，不可伤害客户的感情。

耐心讲解，好素养是销售的金钥匙

任何一个销售员，都希望自己能顺利完成客户的开发工作，进而为成功销售奠定基础，因为一旦销售业绩无法完成，就会面临许多困境——收入减少、地位下降，甚至是失业。因此，在向准客户介绍产品的时候，我们多半是带着一种压力的，但是，欲速则不达，如果在销售压力之下不能保持耐心和从容，不顾具体的销售情境以及不同客户的特点而急于求成，往往会造成准客户的拒绝；而更为重要的是，耐心地向客户讲解关于产品各方面的知识，也是体现我们职业素养的重要方面，试想，当你对准客户的疑问不耐烦时，他又怎么会愿意与你合作呢？

一、有恒心，坚持到底

化妆品销售员小王没有完成上个季度的销售任务，如果这个季度还不能完成销售任务，她就会被公司降级。于是，在这次登门拜访的销售中，她显得有些着急。

小王："今天我向您推荐的这套化妆品最近刚刚投入市场，也是我们公司花了几年的时间研制而成的。不仅具有很好的美白功效，而且还能抗衰老……这套产品是我们这段时期销售最好的，口碑很不错……我看您的皮肤应该属于中性的，这套产品非常适合您……"

客户："你刚说这套化妆品有什么作用？"

小王："我刚不是说清楚了吗？因为这款产品中含有从天然植物中提取的美白成分，可以从基因源头帮助您抑制黑色素。"

客户："我觉得我的皮肤不怎么适合……"

小王："您到底要买什么样的产品呢？"

客户："对不起，我现在很忙，以后再说吧。"

从这则销售案例中，我们可以看出，到最后，这位客户已经拒绝了小王的销售，这是为什么呢？仔细看来，其实问题出现在小王的产品介绍过程中：刚开始，她满腔热情地为客户讲解，但这位客户似乎并没有听懂，此时，小王已经显出有点不耐烦："我刚不是说清楚了吗？"但她还是继续说出了产品的功效，尽管这样，这位客户还是提出了异议，而在这种情况下，小王似乎已经完全忘记了对方是被称为上帝的客户了："您到底要买什么样的产品呢？"这一句话彻底让客户对小王失望了，于是，小王被拒绝了。

的确，实际销售中，当我们苦口婆心地为客户介绍产品，希望客户能被我们的介绍打动的时候，出于各种原因，有时可能是销售员的介绍过于专业，客户无法理解；有时可能是客户对你的介绍不感兴趣或者不信任，客户会表现出对我们的介绍不置可否或者不理解的态度，而此时，正是体现我们职业素养的时候，如果你能继续做到耐心讲解，那么，便会打消客户本身存在的芥蒂，被你吸引；而如果你和案例中的小王一样，性格急躁，那么，则会使得客户产生厌烦和警惕心理，从而达不到沟通的目的。

二、心态平和、层层递进找出客户的需求

有一天，一位老太太拎着篮子去楼下的市场买水果。她来到第一个小贩的水果摊前问道："这李子怎么样？"

"我的李子又大又甜，特别好吃。"小贩回答。

老太太摇了摇头没有买。她向另外一个小贩走去问道："你的李子好吃吗？"

"我这里是李子专卖，各种各样的李子都有。您要什么样的李子？"

"我要买酸一点儿的。"

“我这篮李子酸得咬一口就流口水，您要多少？”

“来一斤吧。”老太太买完李子继续在市场中逛，又看到一个小贩的摊上也有李子，又大又圆非常抢眼，便问水果摊后的小贩：“你的李子多少钱一斤？”

“您好，您问哪种李子？”

“我要酸一点儿的。”

“别人买李子都要又大又甜的，您为什么要酸的李子呢？”

“我儿媳妇怀孕了，想吃酸的。”

“老太太，您对儿媳妇真体贴，她想吃酸的，说明她一定能给您生个大胖孙子。您要多少？”

“我来一斤吧。”老太太被小贩说得很高兴，便又买了一斤。

小贩一边称李子一边继续问：“您知道孕妇最需要什么营养吗？”

“不知道。”

“孕妇特别需要补充维生素。您知道哪种水果含维生素最多吗？”

“不清楚。”

“猕猴桃含有多种维生素，特别适合孕妇。您要给您儿媳妇天天吃猕猴桃，她一高兴，说不定能一下给您生出一对双胞胎。”

“是吗？好啊，那我就再来一斤猕猴桃。”

“您人真好，谁摊上您这样的婆婆，一定有福气。”小贩开始给老太太称猕猴桃，嘴里也不闲着，“我每天都在这儿摆摊，水果都是当天从批发市场找最新鲜的批发来的，您媳妇要是吃好了，您再来。”

“行。”老太太被小贩说得高兴，提了水果边付账边应承着。

这则故事中，我们发现，三个小贩对着同样一个老太太，但销售结果却完全不同，这是为什么呢？第一个小贩没有掌握客户真正的需求；第二个小贩抓住了客户的表层需求；而第三个则善于提问，挖掘出了客户深层次的需求。那么这个老太太归根结底最深层次的需求是什么呢？可能很多人会说当然是给儿媳妇吃了，心疼儿媳妇，也有这种可能，但是最根本的需求是因为她希望儿媳妇能为她生个又白又胖的孙子。所以，当第三个小贩向他推荐猕猴桃时，她很高兴地就买了，因为这是她的目标和愿望。

总之，销售工作最需要的就是恒心和坚持，没有哪一次的销售工作一次就能成功，都需要不断坚持。

1. 在遭到客户的拒绝时，销售员不要气馁，要给客户时间和机会来决定，然后利用自己的口才去打动他们。

2. 当客户表示可以签单的时候，不可得意忘形，喜形于色，这会让客户有种被欺骗的感觉。

3. 当客户迟迟不肯成交，也不要急躁，把与自己交谈的客户当成自己的朋友，肯定会轻松得多。

第 8 章

言语动人，说好这些话帮你轻松搞定客户

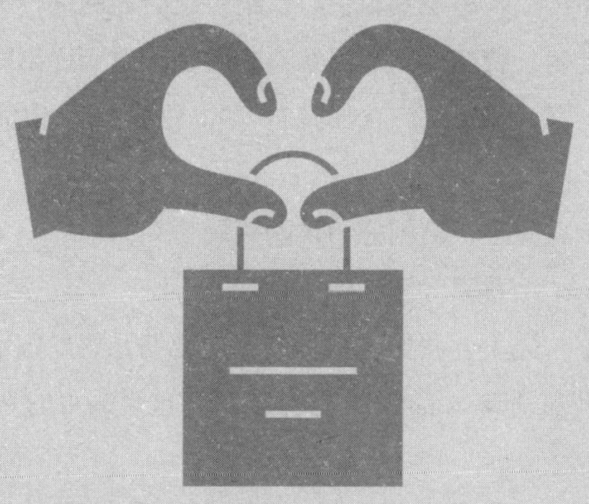

放低姿态，高情商的销售人员懂得满足客户的虚荣心

作为销售员，每天都要接待不同的客户，不同的客户有不同的性格，所能接受的交流方式也是不同的。在实际销售中，我们会发现，有这样一类客户，无论销售员说什么，他们都显出一副不可一世的神态，并表现得比销售员更专业，希望销售员能聆听自己的教导。面对这种客户，底气不足的销售员常不知所措，不敢继续接待，也有一部分销售员，为了证明自己，与客户进行一番理论，而到最后，不仅让生意白白溜走，还让自己乃至公司的形象受损。其实，对于这类客户，我们如果能放低姿态，给其灌下“蜜语甜汤”，满足其虚荣心，销售也会顺利进行。

一、准确、快速地判断出客户的特性，进而提出对策

小王是某商场奶粉专区的销售员，一天，一位客户来购买奶粉。

小王：“先生，请问您给谁购买奶粉呢？”

客户：“给我家宝宝，他才1岁。”

小王：“先生，我们这里货架上的婴幼儿奶粉很多，都很不错，不过我推荐××品牌的奶粉，我们这里现在这种奶粉卖得很火。”

谁知，这位客户撇撇嘴，冷笑一声：“你就别提这种奶粉了，上周我才听了报道，这种奶粉被查出有××成分，这个生产

厂家因产品出现质量问题，差点被告上法庭。你说，这种奶粉，我敢要吗？”

小王一听，知道遇到内行了，她立刻改变策略，恭维道：“是吗？我真是孤陋寡闻，没听说这事儿，您真行！这么内幕的事都能知道，跟您相比，我们真是井底之蛙了。”

客户：“那是！我以前也代理过很多婴幼儿用品，奶粉行业的这点破事，哪能逃过我的耳朵。”客户得意扬扬。客户这样回答，小王立马知道了，原来这是个爱听软话的客户。于是，她接着说：“原来是老前辈！刚才我还跟你推荐产品，真是班门弄斧了。那您觉得买什么样的奶粉才放心？”

客户：“告诉你，××品牌的奶粉就不错，我亲戚家的几个孩子都是喝这奶粉长大的，我们家宝宝出生后，我一直买的也都是这种奶粉，价格也合理。”

小王趁机说道：“跟您聊一会儿，真长见识！您要几罐？我给您拿去。”听罢，客户痛快地要了两罐。

客户离开前，小王还不忘恭维道：“以后，您可要常来我们商场啊，您的指导对我很有用！”

我们发现，案例中的奶粉销售员小王是精明的，在她向客户推荐奶粉遭拒后，她便立即改变策略，改用夸赞的方式。原来，在小王了解了客户的性格、得知客户是爱听软话的人之后，就更加确信“蜜语甜汤”能对其产生作用，果不其然，在小王的一番恭维下，客户心甘情愿地购买了产品。

这类爱听软话的客户，一般在销售伊始，就表现出主动的姿态，他们会对销售员的服务态度、专业水平或者对产品性能等方面提出很多的要求，对此，在进行正式的销售前，我们就一定要善于察言观色，基本摸清客户的特性，进而揣摩他们的心理、特点和利益需求，才能在说话的时候对症下药，准确地找出应对策略。

每个客户在购买前，都会对所购买的产品进行一番了解，这是人之常情。一般情况下，这也是能为销售员所应付的。但如果我们遇到的是一些自视甚高的客户，那么，我们就要利用客户的这种优越感，对客户进行了一番投其所好的恭维，因为专业型客户自己心中有数，基本上不会听销售员的意见。与其费尽口舌，还不如以请教的姿态，主动倾听客户的见解，满足其心理。

这类客户在与销售员交谈时，要么对销售员的推荐默许地点头，偶尔针对不足之处做善意的更正；要么是急于表现自己，不等销售员开口，就喋喋不休地向销售员传授着专业知识，对于销售员推荐的不足之处，会无情地指出，使销售员下不了台。因此，销售员可以降低姿态，以讨教的语气进行交流，利用他们的好胜心理来促成销售。

二、多说夸赞的话

在降低姿态的同时，销售员也可以多说一些恭维话来引起客户的共鸣。例如，对他们渊博的学识表现出敬佩的样子，这不仅让他们的心理得到满足，也会为了表现自己而向我们传授更多的知识。

西方有句格言："请用花一样的语言说话。"面对这类爱听软话的客户，如果你想获得成功，就不妨多说些甜言蜜语，使你的语言像花一样绽放，让客户心情愉悦起来，与你进行一个很好的交流，为销售成功奠定一个好的基础。

1. 讨教并不意味着奉承，任何一名客户都不希望被人恶意奉承。

2. 真心求教，可以学到更多销售乃至其他方面的专业知识。

“点”到为止，适当留白更能引起客户的注意

销售行业，就是靠嘴吃饭，有些销售员业绩平平，不是因为不努力，而是因为不会说话；而相反，有些销售员，可以轻而易举地完成销售工作，是因为会说话。因此，我们总有一个误区，认为销售就是要滔滔不绝地说话，实际上，会说话和说多少话是不同的概念，真正会说话的销售员懂得什么时候说，什么时候不说，更懂得在不显山露水间传达自己的想法，因为有些话不必明说。

一、正面暗示，让客户跟着你的思维走

一天，销售大师乔·吉拉德所在的汽车展厅迎来了一位客户。经过沟通和了解，乔·吉拉德向她推荐了一款合适的车型。那位客户看着崭新的汽车，左转转右转转，好像非常满意。

“夫人，如果您不介意，可以坐上去试试？”

“是吗？你们对面的福特车行，每款车上都写着‘请勿触摸’，你们的可以试试吗？”

“当然可以！”

这位女士坐在驾驶座上，握住方向盘，触摸操作一番。从

车里出来，那位女士说：“不错，新车的味道真好！”

“那您决定买这辆车吗？”

“哦，我再考虑考虑，好吗？”

“亲爱的夫人，您可能还不知道这辆车驾驶起来有多么舒服。您愿意把它开回家体验一下吗？”

“真的吗？”这位女士感到不可思议。

“当然，没有任何问题！”

后来，这位女士决定购买乔·吉拉德的车，因为她把车开回家之后，丈夫、孩子和邻居都赞不绝口，这让她感到很满足，于是马上决定购买。

可以说，乔·吉拉德可以成功销售这辆车，并不是因为他巧言销售，而是因为他善于暗示，引导客户接受产品的体验，进而主动购买。

销售员在对客户的购买能力等情况进行一番了解后，不妨对客户进行心理暗示：“夫人，您想想看，如果您能买下这所房子，那么，您的孩子每次回家的时间就能减少半个小时，每次当他吃晚饭时，还能听到对面音乐厅里悠扬的钢琴声，这也不失为一种美啊！”

另外，销售员在对客户做一番暗示后，不能急于让客户对购买产品表态，因为客户需要一些时间思考，让这一暗示真正地进入客户的头脑，渗透到思想深处，进入客户的潜意识。利用这些方法给客户一些暗示，客户的态度就会变得积极起来，等到进入销售过程中，客户虽对你的暗示仍有印象，但已不认真留意了。当你稍后再试探客户的购买意愿时，他可能会再度想起那个暗示，而且还会认为这是自己思考得来的呢！

二、反面刺激，巧堵客户异议

赵强是一家打印机销售公司的销售员，他有一个墨守成规、故步自封的客户——成经理。尽管他们办公室的打印机已经非常老旧，几近淘汰了，成经理也几次敷衍说要更换，可都是打马虎眼，仍然不打算更换。赵强多次和他电话联系，每次联系他都针对那台老旧的打印机大做文章，试图促使对方尽快购买，但是每次都无济于事。又一次，赵强想出了一个招儿，他决定刺激一下客户的骄傲，冲破客户的固有思维。

在拨通电话后，赵强感慨道："我上次去过贵公司，看见了你那T形福特，T形的啊！"他的声音不大不小，清清楚楚地传到了成经理的耳朵里。

"T形是什么意思？"成经理有点尴尬。

"没什么，T形福特车是曾经一款非常流行的汽车，但是现在它只是一个怪物。"赵强说。

成经理很尴尬，之后，在同赵强的交谈当中他一度陷入沉思，他也感到自己敷衍了赵强好长一段时间了，最后，当赵强挂电话前，他主动提出周末和赵强谈谈，让赵强把激光打印机的资料带上。

案例中，打印机销售员赵强正是利用了反面法，让墨守成规的客户产生了失衡的心理，从而让其主动提出购买打印机。这里的刺激法，也是激将法。

激将法是一种有效打动客户的方法。它的运用原理是从人们的心理角度出发的，因为人们都有害怕产生损失和威胁的心理。为此，销售员只要让客户明白，轻易拒绝我们会让他产生巨大的损失。这样他们便会因为担心而采纳销售员的意见，以摆脱内心的不安和忧虑。无论是在电话沟通中还是在谈判当中，销售员要审时度势，巧妙运用激将法。

三、第三者干预，消除客户戒心

杰克是一家燃气公司的销售员。一天，他来到某小区，准备向准客户詹先生销售自己的产品。简单的介绍后，詹先生的回答很让人失望。

“我没用过你们公司的产品，不敢相信你们，万一有个好歹，后悔都来不及。”

“詹先生，您多虑了，如果我们公司的产品真的出过事故，那么，我还会站在这里与您交谈吗？而且，产品的质量是我们销售最有力的武器。”

“这倒也是，不过口说无凭，我还是不敢相信你。”

“詹先生，您看，这是上半年我们公司的销售情况表……”说着，杰克便把一本销售目录拿出来给客户看。

詹先生一看，他所在小区居然有一大半以上的用户都是用的杰克销售的燃气。为了确定杰克的销售目录的正确性，詹先生还拨通了这些邻居的电话，证明了杰克所说属实。后来，詹先生二话不说，购买了杰克的燃气。

杰克之所以能打消詹先生对产品质量的疑虑，说服詹先生购买自己的燃气，就是因为他出示了最有力的证据——这张销售目录表，其他客户的购买就是产品质量的最好的证明。从这则案例中，我们便可以发现巧借第三者干预在减少客户拒绝可能性中的重要作用。

研究表明，客户虽然有千万个借口来对销售员的推荐做出拒绝的反应，但根源往往归结为习惯使然。客户对产品存在这样那样的异议，并不是因为客户真的对产品不满意，而是因为他们与生俱来的对新事物的防备。如果我们一味地向客户销售产品或者高谈阔论的话，就很有可能招致客户的反感。在实际销售中，有些话点到为止，让客户自己去想、去看，反而更易让客户接受产品。

销售技巧点睛

1. 话说得多，并不一定能掌握交流局势，在关键时刻说话，才能引领客户的思维。

2. 激将法也需要销售员察言观色，在恰当的情况下使用，因为这一方法并不适用于所有客户。

3. 我们把话说得再漂亮，把产品说得天花乱坠，也不如第三者的一次赞美，第三者干预法能帮助销售员省很多力。

拿出真实案例，打消客户的疑虑

销售过程中，销售员要达成交易，首先要解决的问题就是激发客户的购买欲望，让客户心动，客户对产品没有任何兴趣，何谈购买？而现实销售中，有时候，我们使出浑身解数，向客户展示产品的众多优点，可客户似乎却不吃我们那一套，但如果换种销售的方式，如向客户展示一些真实案例，进而放大客户的需求，就会让客户有种紧迫感，自然就会加快购买的脚步。

的确，销售过程的任何时候都忌讳毫无事实证据的论述，因为对于陌生的销售员、陌生的产品，谁都会心存戒备，更别说信任了。此时，若我们的言谈没有事实依据，那就会加深客户的疑心，也就无法激发客户的购买欲望，而如果我们能展现现实例证，给客户吃一颗定心丸，自然会增强客户购买的信心。

一、表明产品的畅销度

一位先生来到商场，准备购买一台笔记本电脑。

销售员："听了这么多介绍，您对这台电脑一定也有不少了解了吧？"

客户："对，不过你们搞促销是因为这台电脑已经上市好几年了，都快过时了，我还是等到新一代电脑出来再说吧。"

销售员："先生，是这样的，我们之所以有优惠活动，并不是说这款电脑要过时，相反，这款电脑销售得非常好。您看这是去年××报做的一个市场调查，我们公司产品的市场占有率在全国排名第五呢。因为产品卖得好，自然就会采取优惠活动来返利客户了。而且，以这款电脑现在的配置，虽然已经上市一年了，但依然没有要过时的趋势，所以，现在买这款电脑的话，是既实惠又实用。"

客户："嗯，你说得不错，说不定新品出来的时候，在配置上也和这款差不多。"

……

在这则销售案例中，客户之所以否定眼前的产品，是因为他对眼前搞促销的产品存在一定偏见，那就是产品要过时，无法满足其对产品"新"的需求。针对这一点，销售员从产品的销售量入手，向客户介绍产品的畅销情况。因为畅销情况代表一种产品在客户中的认可度，可以间接地证明产品的质量、口碑等。

生活中，如果有朋友对我们说："老王，这一款是我们卖得最好的产品，已经畅销全球50年，咱们那些老同学现在都在使用它。"那么，我们多半也会选择购买，因为同龄人之间往往会产生一种认同感，如果我们周围的朋友都在抢购一件产品，那么，势必会产生一种热潮。现代社会，流行性产品的诞生多半由于这个原因。

人们都有一种从众心理。在购买活动中，这种心理更为明显，这是降低内心危险意识的一种典型体现。销售员要想促成客户购买商品，利用这种从众心理促成交易，也是一种不错的选择。尤其对于那些追求流行的客户，这一招经常可以起到作用。例如，你可以拿出产品的销售情况表，告诉客户："您看，这是我们这个月的销售情况和客户反馈意见表……"这是产品畅销度最好的证明方法，客户自然会打消心中疑虑，购买产品的欲望也就更强烈。

二、用具体的、真实的事例来说明问题

真实的事例是一种具有说服力的论据，比起抽象的产品质量报告，具体真实的事例显得更加形象生动。如果销售员告诉客户："我们是奥运合作伙伴，这是我们的合作标识。"那么客户不仅欣然接受，也会深信不疑。

但是，销售员给客户所举的事例一定要真实，否则就是搬起石头砸自己的脚。

三、借助品牌为产品打广告

这天，一名太阳镜销售员走出专柜，来到某商场外，向进出的行人销售自己的产品。这时，一位小姐走过来，称自己想购买一副太阳镜，只是商场里的太贵了。

客户："这款挺漂亮的，是什么牌子的？"

销售员："小姐真有眼光，这是我昨天刚进的货，是××牌的。夏天来了，最近我们这款产品卖得很火。"

客户："我没听说过这个牌子。"

销售员："可能是我们的宣传力度不够，真谢谢小姐您的提醒。实际上，我们这牌子已经上市七八年了。全国的大中城市都有我们的专卖店。不过本市只有我们一家。可能小姐您以前没有注意到我们这个牌子，但您知道××这个品牌吧，这两年，我们的目标就是要成为和××一样的顶级品牌。最近我们在做活动，所以相对便宜很多。"

客户："真是这样吗？"

销售员："当然是，现在刚好有这个机会向您介绍一下我们的产品，我们主要的客户群就是像您一样的城市达人。我们的设计原则就是'穿得要有高品位，戴得也要有高品位'。您看就像您选中的这一款，不仅造型另类别致，而且时尚大气。"

客户："的确挺特别的。"

销售员："这只是其中一款，您看看这边的款式，这种设计风格绝对是独一无二……"

的确，现代人购买产品，已经有强烈的品牌意识，案例中的客户也是如此。这位销售员在向客户推荐产品时很有一套，"宣传力度不够""上市七八年了""目标就是要成为和××一样的顶级品牌"都会让客户觉得产品是个"大牌子"，那么，客户的疑虑自然就消除了。

可见，客户对产品提不起兴趣，并不是客户不需要，很多时候，是因为我们没有激发起客户购买的欲望。此时，如果我们能为其摆出一些事实例证，就可以激发客户对产品的信任度，从而让其放心购买！

1. 真实的数据也能让客户对产品产生信心。

2. 除了品牌，销售员还可以借助专家的研究或分析结果，也可以借用知名人物或企业的合作来强调产品的“品牌”。

利用“全面服务”，让客户“跟着你的思维走”

日常生活中，可能我们都有过这样的经历：有一天，你和妻子在逛商场，看到你心仪已久的一套餐具正在打六折，于是你和妻子一商量，咬咬牙还是买了。看到新餐具，你心里觉得很美好，明天就可以用最好的餐具用餐了。回到家以后，你发现家里的厨具也不好用了，餐桌也旧了……

这是一种什么样心理呢？18世纪法国哲学家狄德罗，也遇到了类似的事情。一天朋友送他一件质地精良、做工考究，图案还很高雅的睡袍，狄德罗非常喜欢。于是他穿着精美的睡袍，在家找感觉，发觉家具风格不对，地毯针脚粗大。于是为了与睡袍配套，狄德罗先后对旧的东西更新，房间终于跟上了睡袍的档次。可他却觉得很不舒服，因为自己居然被睡袍胁迫了。两百年后，美国哈佛大学经济学家施罗尔，在《过度消费的美国人》中，把这种现象称为“狄德罗效应”，也就是人们常说的“配套效应”。

不得不说，“配套效应”在日常生活中可谓司空见惯，几乎在每个人身上都会发生。例如，买了一套新房，谁都得装修一番。有人这样描述：铺上大理石或木地板后，自然要以黑白木封墙再安装像样的灯池；四壁豪华后自然还要配上高档的硬木家具；出入这样的住宅，显然不能再破衣烂衫，必定要有拿得出手的衣服……就此“配套效应”下去，说不定有人会突然发现和自己睡在一张床上的那个家伙也有点儿“拿不出手”，打算一并换了呢！

当然，对于追求利益的生意人来说，他们却很喜欢人们的这一心理。同样，销售员在销售的过程中，如果能恰当劝说，让人们产生这一心理，当他们需要更全面的服务时，也就成功了。当然，要运用好这一效应，还需要销售员做到以下几点。

一、将心比心，让客户感受到你的真情实意

这天，孕婴产品销售员孟庆来到某小区，经过打听，他得知某住户家有孕妇，再过两个月这家就要添新丁了。于是，他敲开了这家的门，开门的是个老妇人，孟庆猜想，这位不是孕妇的母亲就是婆婆，但他还是决定先试探一番。

“阿姨，您好，您怎么一个人在家？你儿子媳妇呢？”

“你弄错了，这是我女儿的家，她怀孕了，我是来照顾她的。”

“真是可怜天下父母心啊，这么大把年纪了，还为女儿着想。想当年，我岳母也是，生怕我妻子冷着饿着，孩子出生后，也是一刻不闲着。”孟庆语重心长地说。

“可不是嘛！不过我女儿很好动，身子也不错，这会儿她婆婆带着她出去散步了，我们两个老太婆还怕照顾不好一个孕妇吗？”老太太爽朗地笑了起来。

“是啊，我看阿姨您就是一个和善的人，全家一定都很幸福，对了，阿姨，只顾着和您聊天，都忘了跟您说了，您看，这是我们公司的产品，是专门针对婴儿设计的，包括奶粉、益智玩具，还有各种婴儿期的书籍等。”

“原来，你是搞销售的？”

“是的，阿姨，不过您不购买也没关系，打扰您这么久，我赠送您一个小玩具吧。”说着，销售员拿出了一把玩具手枪，老太太一看，喜欢得不得了，但她一想：要是女儿生的是女儿，那岂不是不合适，再说，亲家也会以为自己重男轻女，那要不，再买个小娃娃吧。就这样，老太太主动提出再买个娃娃。

孟庆一看，自己的方法奏效了，就对老太太说：“对了，阿姨，您的女儿还有几个月生？”

“两个多月。”

“现在的女人呀，都爱美，对于孕后的身材可是很在意的。我妻子就是，当年生完孩子后，一年多都没恢复，我那时候想，要是我能多挣点钱，给她买点有助于产后恢复身材的产品，就不会那样了。阿姨，现在我们公司的这种产品，正是针对孕妇设计的，只要产后每天锻炼十几分钟，就能起到很好的效果。您要是给您女儿买一个的话，她一定会很高兴。”

“是啊，那我也买一个吧，反正女儿生孩子，我这个做母亲的，也没为她买什么。”

接下来，在孟庆的轮番轰炸下，这位老太太居然一次性购买了上千元的孕婴产品。

案例中，销售员孟庆在道明自己的拜访目的被客户拒绝后，为什么还能成功销售？因为他每句话都是从客户的角度出发，让客户感受到了他的真心，从而扭转了销售局面。

因此，在运用“配套效应”时，要求我们以客户为中心来分析问题，帮助客户解决问题。销售员需要花较多的时间与客户建立信赖，并且了解客户的需求，只有以客户为主才能更好地建立信任感。正如案例中的孟庆所说：“您要是给您女儿买一个的话，她一定会很高兴。”

二、注意自己的说话态度，不可强迫客户购买

在上面的案例中，我们不难发现那名销售员还有一个销售技巧，就是“免费产品赠送”，面对免费产品，谁会拒绝？而这一“送”，就产生了“一发不可收拾”的后果，在“配套效应”和孟庆的劝购下，对方产生了各种产品的购买需求。

我们向客户销售时，并不一定要让客户购买。也就是说，我们为客户制造“配套效应”，也不可操之过急，否则，很容易被客户认为我们是心怀叵测，一旦等他们“清醒”过来，所有的销售就泡汤了。

注意以上两点，只要我们言辞诚恳，找到客户需要的配套服务，那么，客户一定能购买我们的产品！

1. 态度自然，表情到位，别让客户看出你的心思。

2. 把准客户心理，不可操之过急。

3. 对于确实不想购买配套产品的客户，更不能强行推荐。

戛然而止，让客户产生兴趣后追问下去

生活中，人们都有好奇心，对自己不熟悉、不了解、不知道或与众不同的东西，人们往往会格外注意，尤其是对那些自己已经产生兴趣的事物，更想一探究竟。所以，我们在与客户沟通的过程中，不妨利用他们的这一心理，话到嘴边留半句，这样，客户自然会追问下去。这是一种巧妙的销售方法，也是一种打动客户的技巧和艺术。

所以，在我们与客户交谈之初，可以暂时不提销售之事。我们可以先设置一个悬念，激发客户想知道的好奇心，然后在一个恰当的时机，让他的好奇心得以满足，如此一来，你的业绩就水涨船高了。

那么，如何制造悬念呢？又怎样引起客户的好奇心，让客户有种想一探究竟的欲望呢？对此，没有固定的模式，只要能引起客户的注意就好，但这过程中还是要注意很多问题的，避免用错悬念，引起客户的反感。

一、从客户感兴趣的话题入手，抛出一条主线

汤姆是一名厨具销售员，由于他出色的口才，他的销售业绩很好。他曾经有这样一次销售经历：

那天，他准备向某准客户销售一款售价为280美元的厨具。

他按响了门铃，等他道明了来意后，客户当场就拒绝了他："我是不会购买这种又贵又没用的东西的，请你走吧。"客户态度如此坚决，汤姆碰了一鼻子灰，但汤姆想，决不能放弃，一定有方法可以让客户接受自己的产品。

第二天一大早，汤姆就又来了。这次，客户的态度还是和昨天一样，一看到来销售的汤姆，他还是坚决地说："我昨天不是说过了吗？我是不会买你的东西的。"这次，汤姆并没有急着介绍自己的产品，而是从口袋中掏出一张1美元的钞票，当着客户的面把它撕碎，对客户说："您心疼吗？"客户客户吃惊地看着他，心想，这人真是疯子，汤姆没等客户回答就离开了。

第三天早上，汤姆又在同一时间来到客户家，客户开门后，汤姆又掏出一张1美元的钞票，当着他的面把它撕碎。然后问："您心疼吗？"

客户说："我不心疼。这又不是我的钱，你要是愿意的话，可以继续撕。"

汤姆说："我撕的不是我的钱，而是您的钱。"

客户很奇怪："怎么会是我的钱呢？"

汤姆并没有马上回答客户，而是停顿了会儿，这时，客户急了："你倒是说啊。"

此时，汤姆才缓缓地说："您自打结婚起，住在这房子里，已经有20年了吧，如果这20年，您使用的是我的烹调器具做饭，每天就可以节省1美元，一年365美元，20年就7300美元，不等于就撕掉了7300美元吗？您今天还是没有用它，所以又撕掉了1美元。"

客户被他的话说服了，立刻购买了汤姆的产品。

案例中，厨具销售员汤姆之所以能转败为胜，就在于他设置了一个悬念，抛出了一条沟通主线，唤起了客户的兴趣和好奇心。

一般而言，人们对陌生的销售员总是心存戒备，往往以各种借口将其打发走。其实，这是销售员没有选择正确的谈话方式。人们都有感兴趣的话题，客户也是。销售员如果能在销售中先暂时搁置这些销售问题，而从客户的兴趣出发展开谈话，势必能激发客户继续谈话的欲望。

二、控制好悬念产生与解答之间的时间

某公司因为找准了市场时机——生产某种土豆刀片，销量和市场口碑都非常好，但一段时间后，问题又出现了——客户买了，就不需要再买。所以，他们的销量直线下降。为此，总经理把各个部门的人召集在一起，商量对策。

销售部门的某些人提出，降低产品的质量。他们的理由是，降低质量，产品的使用期限就会缩短，客户还会继续购买。但是降低了质量，意味着就会毁了公司的信誉，没有了信誉，公司会很难生存。所以这个提议很快被否决。

生产部门的人提出，降低产品的价格，但是产品本来就定价不高，降低了产品价格意味着企业没有了利润，这个提议也很快被否决了。

其他部门的一些人也提出了一些意见，但都被总经理否决了。很长一段时间，会议厅的人都陷入沉默。

这时候，打扫卫生的张姨给总经理端来了茶。总经理说："张姨，你说说你的想法啊。"

张姨非常紧张，说："我哪懂啊，这是你们领导才决定的事。"

总经理笑了笑说："没关系，你就大胆地说吧。"

张姨想了想说："我削土豆的时候，老是把刀子和土豆皮混在一起。我觉得不妨把产品的外包装做成跟土豆皮一样的颜色，这样客户在削土豆的时候，就很容易将我们的产品和土豆皮一起倒掉。"

总经理听了率先鼓起掌来，后来公司采取了张姨的建议，果然销售量直线上升。

从这个故事中，我们发现，保洁员张姨的话之所以显得如此作用巨大，不仅在于留足了时间，还在于她选择了巧妙的"回答"时间：留足了悬念，当所有人的见解被否定的时候，她还是谦虚地回答"我哪懂啊，这是你们领导才决定的事"，而在得到领导的允许后，她的回答更是与众不同。

对于销售方来说，为客户制造悬念，也要见好就收，不要无节制地让客户猜疑。一旦客户失去了兴趣，那么，我们精心设置的悬念也就不起作用了，甚至让客户觉得你故弄玄虚，觉得自己受到了欺骗。

总之，制造悬念是销售员应该具备的能力和技巧，要能制造悬念，除了要具备广阔的知识外，还要揣摩客户的好奇心理，进行仔细的编排，这其实是一门巧妙的艺术，需要花费力气，下一番苦功的。

销售技巧点睛

1. 提问能引发客户的想象，但你的提问要站在客户的角度，让客户感觉到你是本着为其解决问题的原则提问的。

2. 给予客户充足的时间，让你的话语渗透到他的思想里。

3. 你的“语言余地”要与产品有关联，这种关联可以是直接的，也可以是内在意义上的。

参考文献

[1]姜得祺，销售就是要玩转情商[M].南昌：百花洲文艺出版社，2017.

[2]崔小西.玩不转情商，还敢做销售[M].北京：立信会计出版社，2016.

[3]科林·斯坦利.销售就是要玩转情商[M].余桌桓，译.武汉：武汉出版社，2015.

[4]胡善林.先做朋友，后做销售[M].北京：中华工商联合出版社，2018.